一生受用的

易經密碼

活用圖解易經

王少農 著

說　易

「易」就是變易、變革，《易經》提倡變革，並指導人們去應對變革、引領變革。《易經》上說：「改命，吉。」這就是讓人們勇於改變自己的命運。

「易」就是容易、簡單，《易經》將一切還原為簡單，指導人們用簡易手段獲取勝利。《易經》上說「匪夷所思」，就是說很多看似複雜的問題其實可以簡單化解。

「易」就是交易、交換，《易經》指出：沒有失去就沒有擁有，我們必須學會交換。《易經》上說：「六位時成，時乘六龍以御天。」就是說只要我們善於動用天地四方（即「六位」）的資源，就可換取成功的自由境界。

天行健，君子以自強不息

在中國最高學府清華大學東門，立著一塊巨大的長條青石。上面鐫刻著《易經》的一句名言：「天行健，君子以自強不息。」字體堅硬如鐵鑄龍蛇，熠熠生輝。

這就是著名的清華校訓，每一位到清華學習和參觀的人看到這句鐫刻在青石上的校訓，都會為這種濃郁的氣氛感染。在清華的西校門裡面，還立著來自《易經》的另一句名言：「人文日新。」

為什麼清華大學會如此信奉《易經》，把它的名句當作校訓、格言？這是有其傳統的。早在西南聯大時期，這句「天行健，君子以自強不息」就已經是它的校訓。幾十年來，清華人以這種自強不息的精神，在各個領域取得了巨大的成功，同時也成為一股公認的社會力量，在政界、學界、經濟界都發揮著舉足輕重的領頭作用。

清華的力量來自「自強不息」的《易經》精神，清華的力量源自《易經》。

不僅如此，我們整個中國的傳統文化也曾受惠於《易經》，《易經》的自強不息精神已經成為全體中國人的精神財富。

　　以往人們提起《易經》，以為它是本算卦的書。其實，《易經》主要不是在講算卦，而是講如何奮鬥成功。它是一部偉大的哲學書，一部偉大的成功學經典。

　　《易經》的精華即在於它的這種自強不息的精神！幾千年來，《易經》深邃而直白的智慧不斷指導我們走向成功。

　　時代變了，但社會進步的規律不變；在中國大地成功者不斷湧現，但成功的規律不變。清華如果喪失了「自強不息」精神，將不再是清華；中國如果喪失了「自強不息」精神，將不再是中國。

　　《易經》的自強不息精神是中國的巨大財富，是中華民族的元氣所在，是我們走向成功的智慧之源。

　　就在此時此刻，而不是遙遠的明天，我們必須更好地運用《易經》去創業，去獲取成功。

目 錄

1 要想做「龍」就要先學會做「潛龍」..031
潛龍勿用（卦一・乾）

「潛龍」，就是潛伏的龍。「潛龍勿用」，就是龍使自
己隱藏起來，不輕易行動。周文王隱居在大獄中，甘做
「潛龍」，身懷《易經》絕學而不用，使商紂王毫不覺察，
待其出獄，一舉擊潰對手。

2 務必尋求高人指點 037
飛龍在天，利見大人（卦一・乾）

「飛龍」，就是騰飛的龍；「大人」，就是高人。「飛
龍在天，利見大人」，就是說龍要騰飛，先要向「大人」
學到本事。張良是條「飛龍」，但若無「大人」指點，也
難有成就。他在一座古橋上遇見黃石公，黃石公親傳他兵
法，張良便一飛沖天。

3　失敗了要虛心悔改 ·····························045
亢龍有悔（卦一·乾）

「亢龍」，就是高飛的龍（亢者高也）。「亢龍有悔」，就是說高飛的龍從天上跌下來，明白自己有缺陷。越王勾踐被吳王夫差打敗，醒悟自己有諸多過失，便臥薪嘗膽，向部下以悔意換誠意，凝聚人心，東山再起，滅吳稱霸。

4　做事情一盤散沙就會給對手可趁之機049
見群龍無首，吉（卦一·乾）

「群龍」，指很多龍。「見群龍無首，吉」，就是說如果看見對方呈群龍翔翔之勢，但沒有首領，此時無須害怕。蘇秦巧舌如簧，策動六國合縱抗秦，六國聯軍看似龐大，實際是一盤散沙。秦始皇見其群龍無首，乃分兵擊之，大勝，得以統一天下。

5　迷茫時要看到希望已經到來 ················055
君子先迷後得利（卦二·坤）

「迷」指迷茫，「利」指利益。「君子先迷後得利」，就是說人往往先苦後甜，迷茫時要看到希望。韓信老大不小了還整日在街上廝混，迷茫之極，不知道該做什麼。直到一天，有人讓他飽嘗胯下之辱。

「履霜」，指腳上踩著霜。「履霜堅冰至」，指在剛冷時就想起冰天雪地，預知後事的必然發生。諸葛亮隱居隆中，坐觀風雲，便知漢王朝大勢已去，英雄應時而起，天下將鼎足而分。

「野」指蠻荒、野外；「玄黃」指黑與黃，傳說龍血有五種顏色，不同的龍分別為黑血、白血、黃血、紅血、綠血五種。「龍戰於野，其血玄黃」，指群龍大戰，血肉橫飛。孫劉聯軍與曹操軍隊大戰於赤壁，烈火經月不熄。在這種硬碰硬的局面下，誰是智者，誰有盟友，誰就是贏家。

「大君」指真做大事的人，「命」指「天命」。「大君有命，開國承家，小人勿用」，指繼承天命的真龍天子如果要打下江山，就不能用小人。劉備開創蜀漢江山，是因為有諸葛亮與五虎上將；同樣的蜀漢江山，斷送在阿斗劉禪手中，只因為輕信小人。

「君子」指有修養、有作為的人。「君子有終」，指人必須有所堅持，歷來成大事者都是有始有終的。諸葛亮輔佐劉氏父子到老死，創下了再繼漢脈50年的神話。

「王侯」，指有極大權勢者。「不事王侯，高尚其事」，指不向權勢低頭，我自行我道，如此自能終成大事。范蠡輔佐勾踐成功後，辭去高官顯爵，泛舟於江湖，成為一個富可敵國的大商人，取得了比帶兵打仗更大的成功。

「无妄往」，就是不亂進攻。當代傳媒大王魯伯特‧默多克創建傳媒帝國，他「无妄往」，看準目標下賭注，不斷兼併世界各國各大報社、出版公司、電視台、衛星網與有線網，其新聞力量已覆蓋全球三分之二的人口。

12 務實的人成績不斷 095
无妄行（卦二十五・无妄）

「无妄行」，就是務實不虛。華人超級富豪李嘉誠幾十年如一日，「无妄行」，投身房產，擊敗「置地」，收購「青泥」，進軍「九龍倉」，吞併「和記黃浦」，以長遠眼光和穩健風格成為超級富豪，並因愛國愛港受到世人的一致讚賞。

13 行事要自有主張 101
行有尚（卦二十九・坎）

「行」，指行動；「尚」，指崇尚。「行有尚」，指行事自有主張。香港大亨李兆基出手不凡，行有所尚，不隨人後，有自己的一套想法。他重才輕財，善於經營管理。同李嘉誠一樣，李兆基以自己的膽識制勝。

14 面對突變要從容、冷靜 105
突如其來如，焚如，死如，棄如
（卦三十・離）

「如」的意思是「這樣」，這句話可譯為：「就這樣突然來了，燒起來了，死了，走了。」指突變改變一切。李嘉誠的長江實業想要收購美麗華，結果被半路殺出的李兆基集團奪去了勝利果實。二李平時關係很好，但商戰無

情，智慧有價，誰能「突變制勝」，誰就是贏家。

15 做事千萬不能拖太久 111
三歲不得，凶（卦二十九‧坎）

「三」在此為虛指，「三歲不得，凶」指多年都不能實現一個願望，這其中定有緣由，弄得不好有損失。任何事情拖久了都會變，甚至失敗。美國軍官卡佳經營著名的勝家縫紉機公司，在20世紀盲目生產19世紀設計的產品，無視市場的變化，結果「凶年」不斷，資金短缺，兩手空空，總債務達10億美元。

16 寶劍要用才鋒利 115
十年勿用，无攸利（卦二十七‧頤）

「攸」，相當於現代漢語中的「所」，「攸利」即「所利」。「十年勿用，无攸利」，指一件事或一個人十年都用不上，這樣是無所利的。古語云：「十年磨一劍」，如果磨十年而不用，必會過期失效。任何長久的準備都必須付諸行動。創建於1924年的IBM公司10年一大變，至今近80年長盛不衰，其奧妙就在於它的長遠規劃和及時實施。

17 絕不能盲目大幹 119
不可涉大川（卦二十七‧頤）

「大川」，指大河；「涉」，指渡河。「不可涉大川」，指不能渡過大河。羽毛未豐，不可以遠翔；方舟未成，不可涉大川。日本著名企業家三澤千代大學畢業便從事建築業，由於急於求成，一直經營不善，事業遭到挫折。他染上了肺病住院3年。三澤千代在病床上醒悟要創業就必須先理清思路，待羽毛豐滿之後再高飛。

「利」，指有利條件形成。「利涉大川」，指一看見有利條件形成，應該馬上就開始渡河。荷蘭阿克蘇公司是世界最大的化學公司之一，它的成功在於應變市場。所謂「利涉大川」的「利」，乃是人為創造有利空間，而絕不是守株待兔。

「求小得」，指追求較小利益。蛋糕要做大，首先要會做小。「求小得」乃是將來「大得」的基礎。台灣經營之神王永慶在16歲就開了間米店，為了求發展，他一改台灣米行坐店售米的風格，主動免費一家一家送米上門。

「敬之」就是尊敬對方，「无咎」就是無害。「敬之无咎」，就是對事業夥伴，甚至競爭對手都要講規矩，要尊敬對方，這樣才能憑大仁義賺大錢。世界船王包玉剛認為自己的巨大成功主要有三點：一是個性，二是銀行界信賴支持，三是與日本航運界及世界各地造船、航運大王有著良好的關係。

「田」，田野；「禽」在此時指珍禽異獸。「田无禽」，指要打獵就要去山上，田地裡是沒有珍禽異獸的。每個做大事業的人都要找準自己的市場，搶占各自的山頭。在美國民航業界，波音與麥道合併後，除了「空中巴士」，格氏公司其實也是一條大鱷。

「肥遯」，就是賺了大錢功成身退。全美最大商店西爾斯的董事長愛德華・布倫南工作了36年，當他發現馬丁・內斯的專業水準，完全可以「頂替」自己之時，激流勇退，於企業，於自己，於接班人都有好處。

「羝羊」，指公羊。公羊用角去撞籬笆，結果只能處於進退維谷的尷尬境況。智者當避免這種事情發生。蘋果公司曾是個人電腦業的巨人，但就是這樣一個巨人屢陷困境。如今的蘋果與微軟合作，不知比爾・蓋茨與喬布斯誰更英雄？

「得其大首」就是「得其大要」，我們做事情要抓重點而不拘小節，賺大錢不計小錢。這無疑是生意場上的一條金科玉律。全球第一CEO韋爾奇只用一招便拯救了通用電器公司，那就是做事要群策群力做大，公司13個事業部充分自主。

「初登於天，後入於地」，指開始在天上，後來跌到了地下。這句話並不是說某人能上天入地無所不能，而是說他先贏後輸，多因先前根基不穩，或選錯了方向。這實

乃生意場之大忌！正因為如此，香港漫畫大王黃玉郎所創
辦的玉郎國際一朝敗北，失手無奈。

「富家大吉」，指富豪之家大吉大利，所謂家大業
大，「多財善賈」是也。富豪之家好賺錢，因為他本身就
處在金錢的流動環節中。當今世界首富比爾‧蓋茨身價達
天文數字，怎麼也整不垮，因為他已化身為財富本身。

「蹇」，晦運。「往蹇來譽」，意思是苦盡甘來，苦難
會給人榮譽。當年被美國國際金融學會授予「世界最佳銀
行家」的日本住友銀行總經理磯田一郎，他在接手住友銀
行時，經歷了常人意想不到的巨大困難。

此處的「反」就是物極必反的反。「往蹇來反」，意
思是一個人（或企業）倒楣到了盡頭自然會時來運轉。日
本的「企業怪物」任天堂開始經營娛樂業時被人踩成墊腳

石，後來終於憑藉開發海外市場，打了一系列漂亮的翻身仗。

29 打天下要有朋友相幫 177
往蹇朋來（卦三十九・蹇）

「往蹇朋來」，意思是在吃苦過程中會贏得朋友，這無疑是我們事業勝利的好兆頭。創建「日本軟體庫」的孫真吉慧眼識英雄，請來大森康彥加盟發展。二人風雨同舟，創造了不凡的業績。

30 利箭打獵分外準 183
田獲三狐，得黃矢（卦四十・解）

此處的「三」也是虛指，「黃矢」，古時傳說的利箭。「田獲三狐，得黃矢」，指要想在田野中捕獲幾隻狡猾的狐狸，必須得到利箭「黃矢」。工欲善其事，必先利其器。英國的西夫勳爵祭出兩大絕招：管理集中制；靠實力不靠廣告，將公司的市場份額做大。

31 手上有牌才能合作 187
三人行，則損一人；一人行，則得其友
（卦四十一・損）

這句話是說生意如果是合夥，往往其中一方必定吃虧；如果是一方單幹，在壯大過程中卻常會有盟友助力。

這是一個做加法與做減法的微妙問題。那麼微軟與IBM公司的合作是如何雙贏的？原因就在於他們的合作清清楚楚，是「合作下的單幹者」。

「益之」，指使某事變得好起來；「凶事」，指用凶狠的手段。「益之用凶事」，指治重病用猛藥。東芝公司曾被松下、日立等企業強力打壓，陷於險局。土光敏夫大刀闊斧，用同樣「凶狠」的手段整治公司內部，精兵簡政，終於一舉扳回勝局。

「勿恆」即「無恆」。「立心勿恆」，指沒有恆心，這樣會面臨凶險。中國著名的天津渤海啤酒廠原想在國內甚至國際上有番作為，終因經營不善，「立心勿恆」，被澳大利亞一家公司輕易買走。

「前趾」，指大腳趾，人行走時大腳趾使力很大。

「壯於前趾」，指要重點裝備前鋒。德國媒體巨頭莫恩善用人才，他一舉任命3名剛大學畢業的年輕人身居要職領隊，後來，這3人都成為公司獨當一面的領導人。

「戎」，指打仗；「恤」，害怕。「暮夜有戎，勿恤」，意思是從黃昏到晚上一直都要打仗，不要膽怯。在現代商戰中，是否具有連續作戰的能力是考驗一個企業能否三級跳的關鍵。美國著名的A&P公司的成長三部曲，充滿血雨腥風。

「號」，哭泣。「无號，終有凶」，這話是說不用哭泣，災難終會降臨。只有能看到災難不可避免的人，才能在災難降臨時降免災難。這是遠見，是定力，更是必勝心使然。美國環球航空公司飛行員工會主席哈利率領團隊，破釜沉舟，化解了一場罪惡的併購計畫。

「隕」，隕石。「有隕自天」，謂天降奇禍。世界上天天都發生意外事件，聰明而有大力者能將隕石引入海中。在與英國萊斯銀行的商戰中，包玉剛舉重若輕，談笑間挽救了險些被萊斯銀行突然吞併的香港渣打銀行。

「大牲」，指祭祀用的大牲口。「用大牲，吉」，指祭祀用大牲口，會有好的結果。商戰就要下大力氣。印尼首富林紹良控股的香港第一太平實業公司從收購康年銀行起，用大價錢換取大發展。

「號」，指號哭。這話是說如果號哭，不妨一握為笑，意即化悲痛為力量。充滿憂患意識的中國無錫小天鵝公司屢敗屢戰，痛定思痛，憑藉「末日管理」理念起死回生。

「困」，被圍困。「困於酒食」，指人反被酒食吃掉

了，昏庸而污濁。貪於酒食享受的人很難有前途，必會從享受走向困窘。日本企業家土光敏夫改革公司的殺手鐧就是拿公司高層領導的奢靡之風開刀。

41 成功貴在堅持自我優勢 ·····················233
改邑不改井（卦四十八·井）

「邑」，家鄉。「井」，井水。「改邑不改井」，是說換了地方但不換飯碗。萬變不離其宗，乃是在市場經濟大背景下，以定力取勝的一招常勝棋。本田公司無論在本土，還是在海外，都用自己的飯碗吃飯，成功貴在堅持自我優勢。

42 要自己主動走出狹小天地 ·················239
井谷射鮒（卦四十八·井）

「井谷」，指水面狹小形成山谷；「鮒」，一種大魚。「射鮒」指鮒魚飛射跳離。這話是說水域小不容大魚，只有海闊才能憑魚躍。東南亞地區最大的商業銀行泰國曼谷銀行的成功，憑藉的便是陳弼臣推行的銀行現代化經營，在泰國、東南亞乃至中國大陸不斷拓展空間。

43 對手的問題就是我的福音 ·················245
我仇有疾（卦五十·鼎）

「我仇有疾」，指對手問題纏身。能發現對手的問題

並充分利用這個問題進取的人，便容易成功。當年美國福特汽車公司收編日本馬自達，便是看準了該公司無法擺脫歐美同行衝擊的弱點。其實馬自達也很強大，問題在於它生不逢時。

「匕鬯」，指武器。「震驚百里，不喪匕鬯」，這話是說形勢越嚴峻，越要握緊手中武器。中國太平洋集團公司在國企不景氣的大背景下，迅速改組，發揮專長，實現了戰略制勝。

這是一種高妙的狀態，意思是說如入無人之境。《易經》這話與《老子》上講的「無有入於無間」相通，又與《莊子》講的「遊刃有餘」相通，都是講將生存空間發揮到極限，自由來往。可口可樂在全世界通吃，在於它的沒有界限。

「鴻」，鴻雁；「漸」，慢慢停落；「陸」，陸地；

「羽」，羽毛；「儀」，禮儀用品。這話是說大雁飛到地上，牠的羽毛可以拿來祭祀時用。此語喻一切物品都能派上用場，並且非常適合。善用人者能將眾英才各就其位。郭仁納執掌IBM大權時，命令公司的12位產品經理馬上撰寫工作報告，以備資源及權力重組。

47 多種多收，不種就只會顆粒無收 263
田獲三品（卦五十七・巽）

「三品」，指穀、麥、粱。我們在田野裡不只收割一種莊稼，同樣地，多元化經營在企業盛時可以廣進財源，在企業衰時可以東方不亮西方亮。美國西屋公司業務涉及廣播系統、電子系統、環保系統等7大領域，實屬大手筆。

48 要學會自己做終結者 267
无初有終（卦五十七・巽）

「无初」，指自然進入啟動狀態，一切該開始時就開始；「有終」，則指該結束時就結束，毫不含糊。當倫敦金融市場陷入混亂時，比爾公司在格林伯格的指揮下沒去蹚「渾水」，見好就收，避免了一場大的震盪。

閉門政策乃是任何企業發展的大忌，不開放的事業是做不大的事業，必死；反之則必勝。麥當勞之所以全球暢銷，即在於它的開放與不妄自菲薄，敢在像中國、法國這樣的「美食大國」推銷自己的快餐文化。

「陰」，指雲陰，雲中；「和」，唱和。「鳴鶴在陰，其子和之」，是說仙鶴在雲中飛舞，牠的一家子都在與牠唱和。無論什麼時候，獲得親友支持都是至關重要的。卡內基之所以能創建起鋼鐵王國，即在於有弟弟湯姆與助手瓊斯等人的大聲唱和。

濃黑的「密雲」出現，一般都會下雨。為什麼會「密雲不雨」呢？這並不是說不下雨，而是說還沒下雨。「還沒下」並不是說不下，而是說馬上就下，並且下的可能是大雨！當美歐汽車商都盯著富人口袋開發高檔車時，汽車大王福特看到了「密雲」（中產階級及工薪層）的出現必

會帶來福音，於是生產了大眾車。

「禴祭」，一種祭祀。這句話是說東鄰殺牛，不能馬上就有肉吃，不如西鄰正舉行祭祀，有大量現成的供品，可以馬上享受。我們做事情最好找現成的做，條件沒成熟的事少做。李嘉誠斥巨資收購和記黃浦，是因為和記黃浦本來就是個賺錢機器，收購過來可以賺現成的錢。

「利」，鋒利；「斷」，削斷；「金」，金屬。「二人同心，其利斷金」，這句話出自孔子之口，意思是只要大家齊心協力，就會像一把鋒利的好刀，削鐵如泥。一切事業都必須精誠合作才有希望成功。李兆基能有今日鼎盛，便在於他有郭德勝、馮景禧這樣的朋友。「合作制變而勝」是《易經》最強調的一個寶貴道理。

要想做「龍」就要先學會做「潛龍」
潛龍勿用（卦一・乾）

「潛龍」，就是潛伏的龍。

「潛龍勿用」，就是龍使自己隱藏起來，不輕易行動。

周文王隱居在大獄中，甘做「潛龍」，

身懷《易經》絕學而不用，使商紂王毫不覺察，

待其出獄，一舉擊潰對手。

《史記》記載，商紂王無道，暴桀天下，將周文王（姬昌）囚禁在羑里，意在打擊周族人的力量。但是周族人並沒有因此而一蹶不振，他們在周公與周武王的帶領下繼續發展壯大；而周文王也一直沒有放棄尋找出獄的機會。

時間慢慢地過去，紂王當初想要消滅文王的殺心漸漸淡化，而周族人已有了營救文王的方法。現在問題的關鍵並不在於文王如何出獄，而在於出獄後如何擊敗紂王。文王每天在獄中苦思冥想的就是這件事。後來他終於憑藉《易經》的智慧順利出獄（示意周公用土地換他的人）。在他死後，他的兒子周武王終於滅掉了商紂王朝。

易 理

1. **保存自身**。人有時會身陷絕境，甚至是死境，在此時首先要保存自身。

2. **做潛龍**。所有的龍都曾經是「潛龍」，要做龍就要會做「潛龍」。

3. **潛龍勿用**。為求「大用」，必須要「勿用」，雖

有驚天本事而潛藏起來，暫且不用。也就是俗稱的「扮豬吃老虎」。

易理現代應用法

1. 如何保存自身？

用一切手段保存自身。在這時，沒有原則也沒有條件，只要能保存自身就OK。

坐牢當然是可怕的，但比起殺頭肯定是天堂了。當然，坐牢的下一步極可能就是殺頭，但只要像文王一樣贏得了坐牢的機會，就有時間來解決問題。萬分之一的機會不只是一個機會，而是一萬個機會。

2. 如何做潛龍？

先確定自己是條龍，是風雲人物，是真命天子。為什麼這個世界選擇了我而不是別人，這個問題我是不關心的，我惟一關心的是已經形成的現實。並且我要實現這個還沒完全實現的現實。

周文王當初並沒有反意，但當商紂王把天下搞得實在太不像樣了，並且很多人已經注意到他已具備推翻舊朝代的能力後，他無法擺脫要當龍的宿命。他惟有當龍。不當龍他就會死，而且死得很快。當龍也會死，但會死得較慢，而且有意義。

於是，周文王選擇了做龍。

但商紂王早就是龍了，是條大龍。當此之時，文王很聰明：紂王是大龍，他就是小龍；紂王是一條張

潛龍勿用（卦一．乾）

牙舞爪的龍，他就是一條潛龍——潛伏起來，以待風雲際會。

3. 如何做到潛龍勿用？

孔子說得好：「小不忍則亂大謀。」為了成大謀，我們必須小忍與大忍。不能忍的人必敗無疑。

周文王之所以勝紂王的地方即在於他的這一招「潛龍勿用」，也就是「潛龍三忍」——

一忍：甘願臣服。

二忍：甘願坐牢。

三忍：甘願出獄後還臣服於紂王。

第一忍可稱「存身之忍」，它讓我們明哲保身。

第二忍可稱「明志之忍」，它讓我們反省自身，為反轉乾坤、龍飛九天之日想好思路。

第三忍可稱「安天之忍」，它讓我們一忍到底，絕不輕舉妄動。

只有「存身之忍」與「明志之忍」顯然是不夠的，周文王之所以是周文王即在於他的這第三忍「安天之忍」。他的這招「安天之忍」其實就是「變天之忍」，具有一洗乾坤之力。

試想以紂王的智商級別，怎會不防周文王出獄後的作為？任何風吹草動都會給周族人帶來滅頂之災。但是周文王一忍到底，一直到生病而死都沒有造反，終於使紂王去掉了防備之心，從而為他的兒子周武王伐紂換取了決定勝負的時間、人力與時機。

圖　解

　　《易經》講的這招「潛龍勿用」與《莊子》上講的「鯤化為鵬」有相通之處。《莊子・逍遙遊》云：

　　「北溟有魚，其名為鯤。鯤之大，不知其幾千里也。化而為鳥，其名為鵬……海運則將徙於南溟。」

　　從鯤化為鵬，從北溟到南溟，這是一個徹底的改變。那麼這一切是如何實現的呢？《莊子》上講：「扶搖而上」。所謂「扶搖而上」就是乘風而起。改變這一切的就是風！

　　按照《莊子》裡的詩意說法，風是天地的歎息，那麼我們就要變這天地的歎息為人類的飛騰！

　　從鯤化為鵬後，《莊子》上又講：「而後乃今培風」。「培風」即培養風雲，不是風吹我，而是我吹風，這時我們已成為世界主宰。

　　《莊子》所講的鯤化為鵬的四大境界即為：

　　（1）**待風**。等待風的到來。我比風先來。

　　（2）**乘風**。風來我就上。

　　（3）**培風**。變小風為大風。

　　（4）**棄風**。不要風了，我就是風，想去哪裡就去哪裡。同樣地，《易經》這招「潛龍勿用」的三大境界即為：

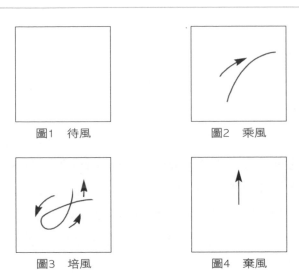

圖1　待風　　　　　　　　　圖2　乘風

圖3　培風　　　　　　　　　圖4　棄風

（1）**我知我為龍**。我就是宿命的真命天子，世界等我去打拼，我定有大作為。

（2）**我甘為潛龍**。要做龍，就要長期潛伏，積聚力量。一條夭折的龍連蛇都不如。

（3）**我要「潛龍勿用」**。再大的本事也不急著使出來，自然會有恰當時機一洗乾坤。

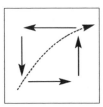

圖1　我知我為龍　　　圖2　我甘為潛龍　　　圖3　潛龍勿用

2

務必尋求高人指點

飛龍在天，利見大人（卦一‧乾）

「飛龍」，就是騰飛的龍；「大人」，

就是高人。「飛龍在天，利見大人」，

就是說龍要騰飛，先要向「大人」學到本事。

張良是條「飛龍」，但若無「大人」指點，

也難有成就。他在一座古橋上遇見黃石公，

黃石公親傳他兵法，張良便一飛沖天。

【案例】

《史記》記載，張良刺殺秦始皇未遂後，隱藏在下邳（本書作者注：這也是「潛龍勿用」）。有一天他在一座橋上過，一個老人（黃石公）走到他面前把鞋扔到橋下，讓他去撿。張良吃驚不小，想打這老人，又見這人很老了，終於忍住，去橋下撿起鞋來拿到橋上。老人又很過分地讓張良為他穿鞋，張良默默照做了。老人大笑而去，一會兒回來，誇他「孺子可教」，命他五天後大清早在橋上等。張良五天後一去，見老人早在橋上了。老人大怒，讓他過五天再來。過五天張良又遲到了，老人又怒，約他再過五天來。過了五天，張良半夜趕往，終於趕在老人的前面。老人見他先到，高興了，於是傳了他一部《太公兵法》。張良就因為這次奇遇，成為後來漢高祖劉邦的首席軍師與漢王朝的開國元勳之一。

易 理

1. 千里馬遇見伯樂才會身價百倍。飛龍要見大人，才會一飛沖天。

2. 哪怕是飛龍，也要求利。要順天而行，絕對不

能逆天。

易理現代應用法

1. 飛龍怎樣見大人？

飛龍再大，也大不過大人。所以飛龍應該在大人的面前謙虛受教，千萬不可自高自大。

所謂飛龍的「飛」，是說他能自由飛翔；而所謂大人的「大」，是說他充盈宇宙，浩大無邊。龍怎麼飛也飛不出天，所以當尊大人為師。大人沒有飛龍依然是大人，飛龍沒有大人卻不能飛起。

所以飛龍見了大人要謙虛。正如孔子見老子，劉備見諸葛亮，張良見黃石公，必須禮待對方，師事之。

其實以大人之大，是無所不知的，孔子見老子之前，老子已知孔子為「聖人」；劉備見諸葛亮之前，諸葛亮已知劉備是志在四方的「劉皇叔」；張良見黃石公之前，黃石公已知張良為「刺秦少年」，何等抱負！

所以很多時候是大人先來找飛龍，傳以絕學，以助天行道。正如《史記》所載，是黃石公先來找張良的，在橋上等他。

所以飛龍要學會等，因為我們命中的貴人也在等我們出現。要會「忍」，更要「等」！尤其重要的是當貴人出現時，我們要認出來，千萬不可錯過。

飛龍在天，利見大人（卦一・乾）

我們在做潛龍時，要忍；現在做飛龍，等大人出現了，要虛心受教。

等到大人與飛龍相會之日，自然有奇遇。當然還有個考驗的過程，黃石公一共試了張良三次：

一試張良：**讓他撿鞋穿鞋。**這是在試張良是否能忍住少年人常有的浮躁之氣，同時也在試張良是否有敬老的善心。有此善心，便可以做天下事。

二試張良：**橋頭等待。**這是在試張良是否會如約而至。如果來了，說明張良守信用，並有慧眼認出眼前的老人就是他的良師。

三試張良：**一次比一次早。**這是在試張良是否是有心人，只有有心人才會做大事。同時也在試張良的堅韌程度，老人故意讓張良一次次遲到，一次次挨罵，才可能使張良在第三次起得特早，處於一種完全等待的狀態，這時傳給他兵書，便可領會。

張良通過了黃石公的三次考驗，所以他成功了。

2. 飛龍如何求利？

當初張良刺殺秦始皇，雖是順應民心，但從氣勢與能力上講，處於不利條件。他果然「誤中副車」，失手遠遁，說明整個過程非常不利，飛龍不能飛起。而自從遇見黃石公後，張良順天而行，通過自己的江湖身分（刺客中的隱者）結識了同樣身分的項伯，再依次結識項羽、陳涉與劉邦這些人，最後跟隨了劉邦，打遍天下無敵手。這就是求利的結果。

張良當初直接刺秦的希望等於零，就算刺秦成功也不會贏得天下，因為當時他毫無勢力。只有張良依附劉邦後，二人強強聯手，才有了後來的漢朝江山。在這過程中，多種力量相生相剋，非常微妙。

　　（1）情況A：張良_剋秦始皇→不可能

　　（2）情況B：秦始皇病死後，項羽_剋秦二世，劉邦、張良_剋項羽→可能

　　實際上情況B實現了情況A，只不過中間多了三個重要環節。張良不能直接殺死秦始皇，但可以間接摧毀秦王朝。任何大事都不能一蹴而就，我們必須像張良一樣，因勢利導，順天而行，才能成功。

圖　解

　　「飛龍在天，利見大人」的核心要義為兩點：

　　（1）飛龍要見大人。

　　（2）飛龍要求利。

　　如果沒有大人，飛龍只能自己單飛；只有見到大人後，才能一飛沖天，呼風喚雨，應者雲集。

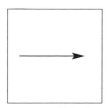

圖1　飛龍單飛

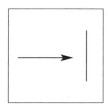

圖2　飛龍見大人

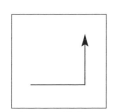

圖3　飛龍在天

張良見了黃石公後，實際上他也成了大人。後來劉邦見張良，再次上演了飛龍見大人的精采一幕。如此可見做飛龍的最高境界也就是自己做大人。

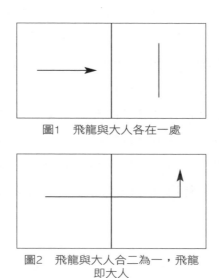

圖1　飛龍與大人各在一處

圖2　飛龍與大人合二為一，飛龍
　　　即大人

　　飛龍不得利，便只能永遠做潛龍，只有得利（見大人）後，才能飛起。

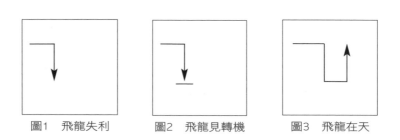

圖1　飛龍失利　　　　圖2　飛龍見轉機　　　　圖3　飛龍在天

從潛龍到飛龍，這是一個得利（見大人）的過程：

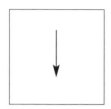

圖1　潛龍

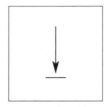

圖2　潛龍知機，
　　　得利，見大人

圖3　潛龍變飛龍

飛龍在天，利見大人（卦一・乾）

3

失敗了要虛心悔改
亢龍有悔（卦一‧乾）

「亢龍」，就是高飛的龍（亢者高也）。

「亢龍有悔」，就是說高飛的龍從天上跌下來，

明白自己有缺陷。越王勾踐被吳王夫差打敗，

醒悟自己有諸多過失，

便臥薪嘗膽，向部下以悔意換誠意，

凝聚人心，東山再起，滅吳稱霸。

【案例】

據《吳越春秋》記載，越王勾踐當初一味與吳王爭天下，不聽手下謀臣文種、范蠡的建議，一意孤行攻打吳國，結果被吳王夫差打得一敗塗地，險些滅國，他本人也被吳王夫差抓獲下獄。後被重金贖出，回國後勾踐向文種、范蠡悔過，臥薪嘗膽，君臣同心，勵精圖志，經過漫長的等待之後，終於將吳王擊敗。

易 理

1. 亢龍也會有遇到挫折的時候，從哪裡跌下，就從哪裡爬起。亢龍要學會爬行。

2. 亢龍光有悔意還不夠，必須付諸艱苦的行動。

易理現代應用法

1. 從高處跌下的亢龍如何學會爬行？

一條真正的龍不但會飛，也能在特殊情況下適應過爬行的生活。實際上龍的一生是多樣的，粗略地講包括：胚胎期、成形期、潛伏期、靜養期、蛻變期、蠕動期、爬行期、游水期、飛騰期。

胚胎期：撒下龍種。

成形期：龍種成形。

潛伏期：潛龍勿用。

靜養期：龍眠水底。

蛻變期：龍鱗將蛻。

蠕動期：龍形再變。

爬行期：龍作蛇行。

游水期：龍游四海。

飛騰期：龍飛九天。

在爬行期中，龍必須匍匐前進，這樣才能把傷養好，安全渡過困難。

在春秋群雄中，勾踐無疑也是條龍。但他錯就錯在小有成就就誤以為自己已經是條飛龍了，其實他還處於剛成形期，尚無大力作飛騰之舉。龍一生的各個階段都必須經歷一番，才會成功飛起。勾踐一成形就想飛起，這當然幼稚！所以他一開始就被打敗，這是必然的。

好在勾踐認識到了自己的錯誤，真心悔改，踏踏實實走程序，終於躍起。

千萬不要怕「後悔」，知道「後悔」的可貴的人才會成功。正如孔子讚美顏回：「不二過」（不犯第二次相同的錯誤），勾踐這一招「亢龍有悔」，使他轉敗為勝。

2. 亢龍如何用行動配合悔意？

如前面兩篇所示，一是要「潛龍勿用」，二是要「飛龍在天，利見大人」。勾踐臥薪嘗膽，長期埋頭苦幹，在「潛龍勿用」方面功夫已經下得很深了，大似周文王；他又能向身邊賢臣文種、范蠡悔過，並虛心求教，在「利見大人」方面也做到了，所以他能綜合上述兩點東山再起。

亢龍有悔之後，便是亢龍有為。亢龍有悔之始，便是有為之始。人只要時時有「悔」，就會時時奮起！

圖 解

「亢龍有悔」的要義有兩點：

（1）要知悔。

（2）要有悔有行。

圖1　亢龍跌倒

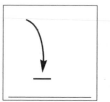

圖2　亢龍知悔，
就會出現轉機

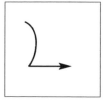

圖3　亢龍以行換悔

圖4　亢龍再飛

失敗了要虛心悔改

4

做事情一盤散沙就會給對手可趁之機

見群龍無首，吉（卦一・乾）

「群龍」，指很多龍。「見群龍無首，吉」，

就是說如果看見對方呈群龍翱翔之勢，

但沒有首領，此時無須害怕。

蘇秦巧舌如簧，策動六國合縱抗秦，

六國聯軍看似龐大，實際是一盤散沙。

秦始皇見其群龍無首，乃分兵擊之，

大勝，得以統一天下。

【案例】

據《戰國策》等書記載，蘇秦、張儀二人師從鬼谷子，學會了縱橫術。二人先後入秦遊說，蘇秦之術不為秦所用，於是投奔燕國，獻「合縱」抗秦之策，為燕文公所採用，並派他出使趙、韓、魏、齊、楚五國，最終六國歃血為盟，聯合抗秦。秦王以張儀之連橫破合縱，分化瓦解六國，使之意見不和，無法共同攻秦。最後六國出現群龍無首的情況，被秦王擇其重點逐個打擊。此後，六國逐漸失去了抵抗能力，任秦國三日占一城，五日割一地，最終為秦國所滅。

易 理

1. 一個大海大於無數條河流。當對手有很多時，我方並不需要害怕。道生一，一生二，二生三。一永遠比三大，因為它最接近力量的源泉「道」，就像一個大海要大於無數條河一樣。重要的是內部的強大，而非外部的數量多少。

2. 對方群起而攻我，我方首先要把它們分化，再把它們重點擊破，逐個瓦解。

易理現代應用法

1. 如何實現「一大於三」？

惟一的方法就是做大海。

一個大海大於無數條河流。

其實當我們做大海時，已經做過河流了，大海都是由於無數條河流匯集成的。作為大海的秦國，實際上也是經過數代君主、無數個將領開疆闢土匯集成的龐大帝國。

先做河流，再做大海。

先做「三」，再做「一」。

只有這樣，我們才能實現「一大於三」。因為我們已經做到了將「三」融進了「一」，看起來是「一」，實際上包含了無數個「三」。

2. 當對方群起而攻我，如何分化他們？

攻其弱處。

正因為對方是多元組成，所以不能完全一致，這種天然的差異必會給我們帶來可趁之機。

六國之中，齊、楚最強，而魏、趙稍弱，燕、韓最弱。在這六國中，齊與楚有宿怨，貌合神離；魏國君主內部不穩定，不足形成強勢；趙人強悍，但主將缺席；燕人也強悍，但兵馬不多；韓人最弱，一向不能自保。

如此六國，何足懼哉！

見群龍無首，吉（卦一‧乾）

秦或首先將齊人說服退兵，假意要與齊君瓜分天下，滿足齊國人一向自稱「東方大國」的虛榮心。然後，威嚇楚國，再不退兵，必將再次攻打你們的都城。楚人曾被秦人攻破都城，不敢再冒險，也只好退兵。齊、楚這兩個大國一退兵，秦軍馬上發起進攻，完勝六國，其勢霸道剛猛，莫可禦之。

圖　解

「見群龍無首，吉」的要義有兩點：

圖1　小流　　　　圖2　小流成大流　　　圖3　大流成大海

（1）先把自己做大。

（2）把對方分化。

如何做大？就是先做足小。大海之大，源於小流。

如何分化對方？攻其弱處。

獅虎尚且獨來獨往，何況龍！當我們碰見單獨的一條龍時，須避其鋒芒；若碰見的是一群龍時，反而無須害怕了。因為龍都是獨行俠，強迫湊在一起反而

互相牽制，戰鬥力不強，必會「群龍無首」。

　　這樣就會出現一個奇特的效果：有時我海連一條龍都打不過（比如秦國就曾被趙國打得大敗），但我們能戰勝一群龍（比如秦國最終戰勝六國）。

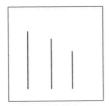

圖1　群龍無首

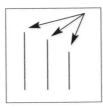

圖2　攻其弱處

圖3　群龍敗走

見群龍無首，吉（卦一·乾）

5

迷茫時要看到希望已經到來

君子先迷後得利（卦二・坤）

「迷」指迷茫，「利」指利益。

「君子先迷後得利」，就是說人往往先苦後甜，

迷茫時要看到希望。

韓信老大不小了還整日在街上廝混，

迷茫之極，不知道該做什麼。直到一天，

有人讓他飽嘗胯下之辱。

【案例】

據《史記》記載，韓信少年時家中貧窮，又沒有能力去做官做生意，只好東一家西一家混飯吃，迷茫無所依。有一天，有個殺豬匠侮辱他說：「你雖然長得高大，又經常舞刀弄槍，但不過是個膽小鬼。」又說：「你如果有勇氣敢死，就刺我一劍；沒勇氣就從我胯下鑽過去。」滿街的人都跟著瞎起鬨。韓信受此大辱，恨不能一劍殺死殺豬匠，但知道敵不過對方，只好忍氣吞聲，受此胯下之辱。從這以後，韓信奮發圖強，先後投於項羽、劉邦帳中，最終與張良一起輔佐劉邦打下了漢朝江山。

易 理

1. **任何人都會經歷一段漫長的迷茫時期**。這是人類成長的規律，對此不必自怨自艾。任何人只有經歷迷茫後，才會清醒。

2. **任何人都會受辱於別人**。能忍辱負重的人日後才會一日千里，有所作為。

易理現代應用法

1. 人如何走出迷茫？

只有迷茫到底，才會走出迷茫。當迷茫本身也覺得迷茫時，我們就自然不會再迷茫了。

韓信在家鄉混日子時，毫無出路，乞食於人而不能自立，連「潛龍」都不是，只是條沒成形的龍。

但當他一混到底時，時間自然使他這條龍成形了。只要我們輸得起時間，一切自然會有轉機。世界上絕對沒有永久的迷茫，迷茫期之後必有清醒期。

這是人自身的清醒，當然也有賴於外界的催化。

《史記》中記載了韓信的三次屈辱，這也就是他的三次清醒。

屈辱讓人清醒。

這是個簡單道理，對個人來說是如此，對一個家族、一個企業、一個國家來說，莫不如此。

2. 人如何面對屈辱？

人應該直面屈辱。躲避屈辱只會受到更大屈辱。

韓信三次受辱於家鄉人，這三次受辱他都扛過去了，最終決定離開家鄉，去外面打世界。

這三次屈辱是：

第一次受辱於亭長之妻，長期混飯於朋友家，終於有一天，人家不給飯吃了。這次屈辱給韓信的教訓是：求食於人，必有斷食之日。嗟來之食，食之不

君子先迷後得利（卦二・坤）

甘，也不長。

第二次受辱於漂母。漂母給韓信管飯吃幾十天，韓信說要報答她，誰知漂母大怒，說：「誰要你報答，我是可憐你！」這次屈辱給韓信的教訓是：別人幫助我有時是可憐我，當我還沒有能力回報對方時千萬不可輕言報答，否則會被施捨者恥笑！

第三次即受辱於殺豬匠。胯下之辱對一個熱血男兒來說是不可忍的，但韓信居然忍了，可見絕非池中之物。

張良被黃石公考驗了三次，得到兵書；韓信三次被鄉人欺辱，得到了更為深刻的教訓：

（1）**不要老是求別人。**

（2）**人一旦沒有能力就會受胯下之辱。**

（3）**從此以後，我要做強人。**

韓信的這一「忍功」之深不亞於周文王、張良與勾踐，所以後來取得同樣巨大的成功。

但韓信忍得不長，不能像周文王忍商紂王一樣忍到老死，所以後來韓信反叛了劉邦，被劉邦所殺，這也證明了必須「一忍到底」的「潛龍勿用」規律確實不容懷疑。「忍功」的背後是「苦功」。

「飛龍在天，利見大人。」對於韓信這條飛龍來說，所謂的大人就是那個讓他飽受胯下之辱的殺豬匠。

人只有被打才會清醒。

圖　解

「先迷後得利」的要義有兩點：

（1）人只有經過迷茫後，才會清醒。

（2）人只有被打，才會清醒。

剛陷入迷茫時，人就會迷茫。當迷茫已久，迷茫本身也迷茫時，人就不再迷茫。這正像當夢只是夢時，人就會做夢。而當夢也發覺自己在做夢時，夢就會醒來。

這種清醒是自覺的，也是被外界打醒的。

6

一切都在變化中顯露規律
履霜堅冰至（卦二‧坤）

「履霜」，指腳上踩著霜。

「履霜堅冰至」，指在剛冷時就想起冰天雪地，

預知後事的必然發生。

諸葛亮隱居隆中，坐觀風雲，

便知漢王朝大勢已去，

英雄應時而起，天下將鼎足而分。

【案例】

　　據《三國志》記載，諸葛亮的父親與祖父都曾在荊州一帶為官。諸葛亮的父親死後，其實他也曾在荊州為小官吏。後來隱居隆中，也是身處荊州。荊州為南北通衢，剛好是日後魏、蜀、吳三國的交叉、中心地帶。這是件奇妙的事，諸葛亮不在其他地方隱居，偏在荊州這樣一個軍事要害地隱居。諸葛亮在隱居時獲得的信息與思考要大於一般的謀士將領。而真正使諸葛亮成為諸葛亮的是他的洞察力，其實他並非先知，只不過善於思考罷了。天下人皆知漢王朝大勢已去，但只有諸葛亮一人看出漢王朝瓦解後天下將鼎足三分。

易　理

　　1. 一葉落知天下秋，履霜而知堅冰至。

　　2. 霜非冰，但霜後可能有冰。

易理現代應用法

1. 如何看出會變天？

只有每天都看天的人才知道其實每天都在變天。

一片樹葉從枝頭飄落，表面上是某棵樹的個別現象，但究其本質乃是大自然的規律使然。

大地一夜鋪滿白白的霜花，這表面上是天氣驟變，實際上只是天氣驟變的開始環節或中間環節。

從節氣上看，在霜降後不久，就是小雪、大雪、小寒、大寒了。

值得注意的是此處講的是「堅冰」，而非「薄冰」。冰凍三尺，非一日之寒。霜降後必然到來的不僅是「冰」，而且是厚厚的「堅冰」。

但「堅冰」雖冷，卻給人一種踏實之感，遠比「如履薄冰」好。所以有時要冷就冷到底，等結成了厚厚的堅冰反而好堅實行事。

正是基於這一點，諸葛亮對霜降後的事心裡是踏實的。他想：漢必亡，天下必三分，我必輔佐其中一方。聽說劉皇叔仁義之名傳遍天下，此人當是明主，我當與此人共踏堅冰鬥嚴霜。

諸葛亮每天看天，所以知道霜降後必有堅冰。

還有一點，他看天不僅只看天，同時也在看地。霜與冰都在地上。

2. 如何見霜知冰？

霜與冰都屬於冷天才有的自然現象，從性質與發生期來看屬於同一範疇。它們具有天然的共通性。

但霜並不等於冰，霜是霜，冰是冰。霜後可能有冰，但不等於肯定有。

這就是一般人與非常人的區別：

一般人能看到「可能」。

非常人能看到「肯定」。

這就是慧眼所在了。其實這只是很好地運用了排除法：

A. 有的「可能」不一定會實現。

B. 有的「可能」肯定會實現。

要看出霜後有冰，首先就要大膽排除另一個答案，或者A，或者B，只能選一個。也就是說：

A. 履霜堅冰不至。

B. 履霜堅冰至。

這兩種情況只有一種會發生。具體而言，諸葛亮做的排除法有兩次。第一次是：

A. 漢王朝不會完蛋。

B. 漢王朝會完蛋。

諸葛亮推算漢朝氣數，觀察時事，排除了A。第二次排除是：

A. 漢王朝完蛋後不會馬上出現另一個王朝，而是會出現三個以上的王國瓜分天下。

B. 漢王朝完蛋後馬上出現另一個王朝。

諸葛亮總結歷史，考察當時英雄，排除了B。

諸葛亮見霜知冰，憑的不是直感，而是理性的判斷。

《易經》上說：「觀乎天文，以察時變」，又說

「觀乎人文，以化成天下」，就是旨在培養我們的洞察分析能力與順應天時的應變能力。無疑這是我們行動與成功的基礎。

圖　解

「履霜堅冰至」的要義有兩點：

（1）霜至是冰至的信號。

（2）履堅冰勝於履薄冰。

從霜至到冰至，中間還有個間歇期。過了這個間歇期，就有冰至。一般人在天氣的間歇期見既沒了霜，又沒有冰，就以為天下太平，這當然弱智，必吃大虧。

圖1　霜至　　　　圖2　間歇期，無　　　圖3　冰至
　　　　　　　　　　　　霜也無冰

霜不會直接結成冰，冰是由水或雪凝結成。

再大的霜也會很快融化，但寒冰可以積存千年。寒冰的威嚴實在巨大！

但天地之道妙不可言，對於與冰同在地面生存的人來說，履堅冰要比履薄冰好，因為堅冰雖冷，但不會把人掉下去，不但可以當路，還可以當橋。

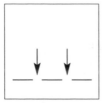

圖1　履薄冰容易掉下去

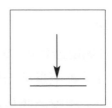

圖2　履堅冰不會掉下去

一切都在變化中顯露規律

7

霸者挑起戰爭，智者贏得戰爭
龍戰於野，其血玄黃（卦二‧坤）

「野」指蠻荒、野外；「玄黃」指黑與黃，

傳說龍血有五種顏色，

不同的龍分別爲黑血、白血、黃血、紅血、綠血五種。

「龍戰於野，其血玄黃」，指群龍大戰，

血肉橫飛。孫劉聯軍與曹操軍隊大戰於赤壁，

烈火經月不熄。在這種硬碰硬的局面下，

誰是智者，誰有盟友，誰就是贏家。

【案例】

《三國演義》講，劉備被曹操打敗後，東進與孫權結成聯盟。曹操趁勝追擊，想一舉殲滅劉備殘軍，也更想順勢吞併江東孫權。這樣一來，孫劉為了自保，結為聯盟。可以這麼說，孫劉聯盟是曹操逼出來的，換句話說，曹操把敵人逼強大了。這無疑是愚蠢的，古來使敵弱者勝，使敵強者敗。更愚蠢的是曹操放棄了擅長的北方式馬步戰，與孫、劉打起水戰。結果赤壁之戰兵敗不堪，險些喪命。

易 理

1. 硬碰硬，就硬碰硬，世界上沒有絕對的弱者與強者，有時硬碰硬的結果是「弱者」勝「強者」。

2. 當敵我雙方都是龍，要靠智慧解決問題。

易理現代應用法

1. 怎樣與強者碰硬？

第一點，把自己也變成強者。

劉備雖敗，猶有精兵數萬與諸葛亮、關、張、趙雲，更有在南方作戰的豐富經驗，從來就不是弱者。

實際上劉備也是把自己當成一支強軍的。強軍有強軍的做法，如果把自己當成弱軍，就會一敗就慌，不敢再戰；再對於一支強軍來說，越敗越戰，絕不言輸。

第二點，迅速尋找盟友。

盟友是可貴的，結盟後力量就會成倍增長。結盟看得見的好處是兵力、財力增加，信息、情報更多更有效；看不見的好處則在於增強氣勢，扭轉戰局，人為製造出天時、地利、人和，成功的希望驟然變大。

劉備未與孫權結盟前，一直四面樹敵；自從結盟後，敵人變少了，朋友變多了。從作戰上講，還可以借江東地形有效扼制曹操，從而作起戰來得心應手，徹底結束了以往的不利狀況。

2. 怎樣實現「智龍」吃「暴龍」？

一方是狂暴的龍，一方是智慧的龍。大家都是龍，都很厲害，在這時拼的就不是單純的武力了，而是拼智力。

一切都只是個智力問題。

從智謀上看，曹操一方應用了哪些計謀呢？

第一計：驅使荊州水軍為前鋒主力。

第二計：誘降孫權。

第三計：伏兵於孫權內部。

第四計：分化孫、劉。

第五計：派蔣幹遊說周瑜。

第六計：大小通吃，整體進攻。

以上六計本來都不錯，但無一得到實現，無一奏效。曹操根本就什麼也沒準備好，就想吞天滅地，最後不僅沒有吞天滅地，反而險些命喪黃泉。

而孫、劉一方的計謀是：

第一計：首先結成鐵血聯盟，一切共擔。

第二計：水、陸兼顧。

第三計：苦肉計。

第四計：詐降。

第五計：連環計。

第六計：借東風、火攻。

第七計：陸戰重重設伏。

……

孫、劉從一個細節（黃蓋詐降）展開整體攻勢，連環進發，每個環節都落到實處，威力無比。

當暴龍張牙舞爪從天而降時，智龍會從牠的腹部捅上致命的一刀。因為當暴龍只顧張牙舞爪時，就忘了這樣會暴露出光光的腹部來。

圖　解

「龍戰於野，其血玄黃」的要義有兩點：

（1）大家都做龍，方可一拼。

（2）你做暴龍，我就做智龍，以智力取勝。

如果敵方為龍，我方還是一般的獸，必死。反之，當有一拼。

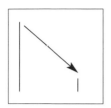

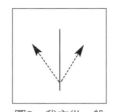

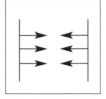

圖1 敵為龍，我 　圖2 我方從一般 　圖3 兩條龍針鋒
為一般的獸，必死 　的獸成長為龍 　相對

光是針鋒相對也沒意思，要想贏就要拼腦子。

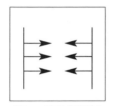

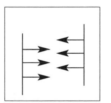

圖1 針鋒相對僵 　圖2 我方變陣，
持不下，兩敗俱傷 　敵方打到空處

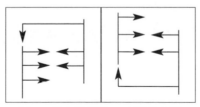

圖3 我方錯開陣，攻擊敵方要
害，彼消我長，彼敗我贏

71

龍戰於野，其血玄黃（卦二・坤）

8

不結交小人

大君有命，開國承家，小人勿用（卦七‧師）

「大君」指真做大事的人，

「命」指「天命」。「大君有命，

開國承家，小人勿用」，

指繼承天命的真龍天子如果要打下江山，

就不能用小人。劉備開創蜀漢江山，

是因為有諸葛亮與五虎上將；同樣的蜀漢江山，

斷送在阿斗劉禪手中，只因為輕信小人。

【案例】

據《三國志》記載，劉備赤壁之戰後羽翼漸豐，據荊州，取益州，收西南，從地盤上講已足以為一國之君；從兵力、財力上講也很豐富，於是在群臣的擁戴下稱帝於成都。後因與孫權的聯盟破裂，孫權攻取荊州，關羽被殺，荊州歸孫權。劉備攻孫權，戰敗身死，葬於白帝城。劉備死後，劉禪繼位，輕信小人。曹丕把他俘到魏國，他還「樂不思蜀」，這樣的人必是敗家子。

易 理

1. 用小人者必敗。

2. 長期與小人打交道的人自己也會變成小人。

易理現代應用法

1. 用人怎樣才能立於不敗之地？

當然是與有德者、有智者、有能者打交道，而千萬不可與小人打交道。

劉備之所以開國稱帝，因為他會用人。

劉備本身並不是英雄，但是他能駕馭五虎上將。

劉備本身並不是智者,但是他能請動諸葛亮為他出謀劃策。

這就是劉備能開國稱帝的原因。從這點講,劉備要高於五虎上將與諸葛亮。這正像《水滸傳》中宋江能為群雄之首、《西遊記》中唐僧能當孫、豬、沙的師父一樣。

人類最大的才能是管理才能。

我可以不是天才,但我可以駕馭天才。

我可以不是英雄,但我可以駕馭英雄。

我可以不是智者,但我可以讓智者為我服務。

這樣就能把一切資源(智源)為我所用,必勝。

反之,用小人者一定會被小人所用,成為傀儡,必敗。

2. 怎樣避免與小人打交道?

交人交心,不交心就不會有實質的交往。

與有德者、有智者、有能者打交道,應該交心,這樣就會走在一起。

與小人打交道,不應該交心,這樣就不會被他同化。

在現實生活中,在各樣事情、各種場合中,碰見小人,甚至與小人一起共事都是難免的,這很正常,只要與小人保持距離,便無大害。

我不找他,我無事;他來找我,我不答應,我不合作,也無事。

大君有命,開國承家,小人勿用(卦七‧師)

所以，怎樣避免與小人打交道的答案只有一個：完全不與小人交往是不可能的，但我們可以做到不與他交心，堅持不答應、不合作的原則。

3. 怎樣避免自己也成為小人？

有的人不與小人打交道，自己也會成為小人，因為他本來就沒有長遠的志向。

有的人本來是有德者、有智者、有能者，某一天發生某件事，從此就走下坡路，最終成為小人。這是可悲的，因為他定力不堅，往往不能拒絕各種俗名俗利、小名小利的引誘。

有的人長期生活在小人圈中，耳濡目染，近墨者黑，也變成了小人。

人是怎樣變成小人的，不外乎就是以上這三種情況。怎樣變成小人的這並不重要，重要的是人一旦成為小人就做不成大事，而且還會壞大事。針對以上三種情況，我們避免成為小人的方法也有三種：

一是立志不做小人，一定要做有本事的人，做光明磊落的大丈夫、大人物，一定要把自己與一般人區別開來。這種志向要具體落到實處，比如要當大文豪、大富豪、大科學家等等。一旦確立志向，終生就為之奮鬥，絕不改弦易轍。

二是防止自己滑坡。萬一不慎滑坡，也要重新爬起來，正如前面講「亢龍有悔」時講的那樣：以行動配合悔意，東山再起。

三是不與小人打交道，萬一要打交道也不交心。不與小人合作，不答應小人要求的任何事情。重要的是千萬不與小人做朋友。

怎樣看出他是不是小人？主要是看他有沒有志向，做事爽不爽快，背後搞不搞鬼。

圖　解

「大君有命，開國承家，小人勿用」的要義主要有兩點：

（1）不與小人交心。

（2）自己不做小人。

只要不與小人交心，再多交往也無妨。小人並不可怕，可怕的是我們濫交小人，並且一交就交心。

圖1　人的成長

圖2　滑坡

圖3　不做小人

一般情況下，我們獨善其身就可以了，千萬不要想去改變小人，小人是很難改變的。記住：君子的責任不是改變小人，而是把自己做好。

9

做事有始有終的人才有成就

君子有終（卦十五・謙）

「君子」指有修養、有作爲的人。

「君子有終」，指人必須有所堅持，

歷來成大事者都是有始有終的。

諸葛亮輔佐劉氏父子到老死，

創下了再繼漢脈50年的神話。

【案例】

據《三國志》記載，諸葛亮被劉備請出山後，一直發揮了巨大的作用，是劉氏集團的主心骨。「聯吳抗曹」這一總的戰略便是諸葛亮制定的。有了這一條，才有了劉備的蜀漢江山。劉備後來背叛了這一偉大戰略，便兵敗身死。劉備死後，諸葛亮根據情況變化，改「聯吳抗曹」為「直接伐魏」，也取得了巨大成功，節節勝利，逼近曹操老巢。可惜劉禪無用，不能完全信任諸葛亮，老是後院起火，致使北伐中斷。劉備、劉禪父子的魄力、眼光與實際能力都遠遜於諸葛亮。劉備毀了「聯吳抗曹」的戰略，劉禪則使諸葛亮「直接伐魏」的軍事行動屢次中斷，功虧一簣。話雖如此，劉備父子雖然不能完全發揮諸葛亮的雄才大略，但諸葛亮依然忠心耿耿，這並非愚忠，而是感激劉皇叔知遇之恩也。士為知己者死，女為悅己者容。有為君子，有始有終！

易 理

1. 歷來只有有始有終的人才能成大事。
2. 越堅持到最後，所成就的事越大。

易理現代應用法

1. 怎樣才能有始有終？

首先，在定志向、選目標時就必須看準。一旦發覺錯了，要及時悔改重立大志。一旦定了就不改變。

諸葛亮的眼光很準，從劉表、曹操、孫權、劉備四人中獨選劉備，除了他知道劉備有仁義之心外，還在於他做了以下的分析：

劉表：雖暫時有荊州之地，但孱弱無能，不能成大事。

曹操：雖能成大事，但殺人如麻，乃暴君也。

孫權：雖有江東之地，但無雄才大略，仰仗父兄之能，守門之犬耳。

劉備：雖暫時失利，但有大志，又能禮賢下士，且手下有大將雄兵，一旦壯大，稱王稱霸。

諸葛亮選定了劉備，便不動搖。他忠於劉備就是忠於自己的理想，在劉備的手下，能充分施展自己的才能和抱負。有了這一點「不動搖」，諸葛亮與劉備才能一起開創天下。

其次，人是否能有始有終，還取決於他的實際能力。有的人想有始有終，但中間忽被某件事阻斷、打擊，便不能應付，最終半途而廢。諸葛亮者之所以不會半途而廢，就在於他有能力應對一切。劉備是條龍，「真龍」；諸葛亮更是條龍，「臥龍」。當真龍

君子有終（卦十五・謙）

遇見臥龍，便飛龍在天，乾坤為小。

　　所以，如要確保有始有終，惟一的辦法便是積極培養自己終身為一件事奮鬥的各項專業能力。

2. 怎樣才能堅持到最後？

　　惟一的辦法就是相信自己有從始至終完成某一件事的決心與能力，稍一動搖都不行。

　　諸葛亮跟隨劉備後遇到兩次重大考驗，他都堅持下來了，不愧是有始有終的真君子、大丈夫。

　　第一次考驗：初敗於曹操，何去何從？

　　在這樣的情況下，一般人很容易選擇兩條去路：一是投降曹操（實際上劉備就做過）；二是從此小打小鬧，明哲保身。但諸葛亮兩條路都不走，於是有了接下來的聯吳抗曹和赤壁之戰。

　　第二次考驗：劉備兵敗身死，何去何從？

　　換作別人，或者自己單幹，或者從此退出再去隱居，但諸葛亮毅然決定留下來，繼續輔佐劉禪，並且把劉禪當劉備。誰都知道劉禪是扶不起的阿斗，但扶不起諸葛亮也要扶。正如孔子所言：「知其不可而為之」，這是何等的氣魄與胸懷！

　　諸葛亮就是這樣堅持到最後的，靠的是一種「我自為我事，雖敗猶榮」的氣度。人一旦有了這種氣度，便不會真正的失敗。諸葛亮的一生光明磊落，坦坦蕩蕩，不愧是個有始有終的君子。

圖　解

「君子有終」的要義有兩點：

（1）有始有終才能成大事。

（2）越到後面成就越大。

　　世界上所有的豐功偉業都是很多人群策群力、矢志不移地打拼出來的。在成功之前，可能會有人變節、退出，那就讓他們去吧！我們會留下來一直到成功。

圖1　事業開始

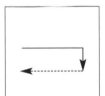

圖2　很多人不能堅持，事業中斷，甚至走回頭路

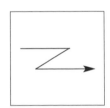

圖3　堅持到底的人獲得成功

　　成功之途都是曲折的，關鍵在於轉變時不動搖。

圖1　很多人一遇挫折就往回走

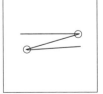

圖2　聰明人把挫折打上結，後面的路就會走得穩

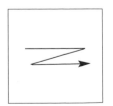

圖3　有始有終者走向遠方

10

我自行我道
不事王侯，高尚其事（卦十八・蠱）

「王侯」，指有極大權勢者。

「不事王侯，高尚其事」，

指不向權勢低頭，我自行我道，

如此自能終成大事。范蠡輔佐勾踐成功後，

辭去高官顯爵，泛舟於江湖，

成為一個富可敵國的大商人，

取得了比帶兵打仗更大的成功。

據《吳越春秋》記載，越王勾踐敗於吳王夫差後，亢龍有悔，臥薪嘗膽，在范蠡、文種等賢臣的輔佐之下，終於將夫差打敗。但勾踐在取得勝利後未能再往前走一步，范蠡知道勾踐的抱負就此而已，再不會有新的發展，甚至還會危及自己的生命安全，於是毅然決定辭去高官，去做了一個大商人。范蠡經商取得了巨大成功，被後人尊稱為「陶朱公」。

易 理

1. 很多人只能共患難，不能同富貴。遇到這種人我們可以與他共事，事成之後應果斷分開。

2. 我自行我道，自求多福。

易理現代應用法

1. 如何見好就收？

見到「好處」不能收手是危險的，好處就會變成壞處，將會把人拖到死亡的境地。正如《紅樓夢》上講的：「身後有餘忘縮手，眼前無路想回頭。」

范蠡跟隨勾踐打江山是下了決心的，所以君臣同

心能把江山打下來。但到坐江山時情況就不一樣了。當然勾踐還沒到翻臉不認人的時候，但為什麼要等這樣的時候到來，就像劉邦殺韓信一樣呢？

范蠡果斷地離開了，就像諸葛亮在劉備死後果斷地留下來一樣。二人同為明智之舉。

並不是說范蠡不能有始有終，而是勾踐非劉備所能比。劉備能與諸葛亮一起坐江山，但勾踐不能。范蠡考察勾踐的前後種種：

一開始驕傲自大，然後遭受打擊，然後亢龍有悔、臥薪嘗膽，最後打下了江山舊病復發，依然驕傲自大。正所謂「江山易改，本性難移」，這樣的人並非明主。

勾踐「臥薪嘗膽」是想打江山，但在打下江山後並沒有繼續勵精圖志，而是忙著享樂去了。范蠡知道勾踐不能長久，斷然離去，見好就收，憑的是一雙火眼金睛，看出了勾踐的斤兩。

2. 如何自求多福？

做自己喜歡做的。

范蠡智商絕高，跟隨勾踐時既是首席軍師，又是一員大將，如今不再帶兵打仗，而是去經商，更有一番新境界。

追求財富的人必然會有收穫，因為這種追求本身就是一種巨大財富。

范蠡把他的智商用在賺錢上，很自然地取得了比

不事王侯，高尚其事（卦十八‧蠱）

帶兵打仗更大的成功。從這個意義講，所有的聰明人都該擁有自己的財富（不僅僅是錢），而為什麼有的人看起來聰明卻什麼也沒有呢？原因就在於他浪費了自己的高智商。

圖　解

「不事王侯，高尚其事」的要義有三點：

（1）與人合作，見好就收。

（2）堅持自己的理念，威武不能屈，富貴不能淫，貧賤不能移。

（3）去做比王侯更有意義的事情。

真正的相知者如劉備與諸葛亮是能終身合作的，如果不是，一定要見好就收，否則後患無窮。

圖1　兩人合作做　　圖2　兩人成功後　　圖3　各自發展，
　　　事成功　　　　　　出現分歧　　　　　互不傷害

從傳統意義上講，「不事王侯，高尚其事」這句話重點強調一個人的操守。正如李白在其名篇《夢遊天姥吟留別》一詩中高歌的那樣：「安能摧眉折腰事權貴，使我不得開心顏！」

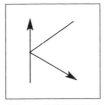

圖1　威武不能屈

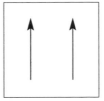

圖2　王侯與我，
各享尊嚴

王侯雖然高貴，但我可以比他更高貴。范蠡用自己的智力贏取財富要比勾踐用武力贏取江山更高貴。

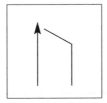

圖1　開始時事奉
王侯

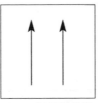

圖2　漸漸覺得我
可以與王侯平起
平坐

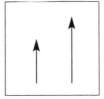

圖3　不事王侯，
高尚其事，我自
行我道

不事王侯，高尚其事（卦十八・蠱）

11

實力再大也不亂進攻

无妄往（卦二十五・无妄）

「无妄往」，就是不亂進攻。

當代傳媒大王魯伯特・歐多克創建傳媒帝國，

他「无妄往」，看準目標下賭注，

不斷兼併世界各國各大報社、出版公司、

電視台、衛星網與有線網，

其新聞力量已覆蓋全球三分之二的人口。

【案例】

默多克繼承了父親的一家小報社後，創立了新聞集團公司。自從20世紀50年代始，他不斷地兼併、收購。他的生活似乎是一系列馬不停蹄的征戰，一個戰役緊接下一個戰役，每次的勝利或平局總能為他贏得更大空間，每次失敗則使他為下次進攻積累更多經驗。他說：「我的過去是由一系列相互交織在一起的戰爭構成。」

易 理

1. 做事情之前要看準目標。

2. 一旦做事就不要停下來。

易理現代應用法

1. 怎樣才能看清目標不亂行動？

行源於心。

只有用心去看、去想，我們才能看清目標。

但有時我們的心力不夠，以至用了心也看不清楚。甚至有時越用心，越看不清楚，這到底是怎麼回事呢？

實力再大也不亂進攻

人心好比一面鏡子，如果鏡面是清亮、乾淨的，那麼就會照見一切；如果鏡面本身就不清亮，上面布滿污點，那麼就會照不清楚。

所以，我們選擇目標的首要任務是先把心沉靜下來，做出一番理性判斷。

傳媒業是美國的第九大產業，它以每年10%的速度增長，比保健業和醫藥業以外的任何行業都要發展得快。在世界範圍，傳媒業的迅猛發展更把世界變成一個地球村。

默多克所看到的不僅是表面現象，他還看到了傳媒業的誘人前景。他是用心去看的，所以看清了目標。

2. 怎樣才能不中斷事業？

關於這一點，我們已經在「君子有終」一篇中做出了詳細的講解，其重點是相信自己從始至終完成某件事的決心與能力。

也就是說，要相信自己有不使事業中斷的能力。

人是一個「怪物」，它最大的特點就是一切行動都受心（大腦）控制。當我們的心告訴我們，不做了！我們就會不做了；當我們的心告訴我們，繼續做吧！我們就會繼續做下去。

既然我們是如此地聽心的話，那麼我們就應該事先告訴我們的心，讓我不要中斷我的事業吧！我們的心一定會說，收到，OK！

這樣，一萬次提醒之後，我們的心就會在關鍵時刻讓我們頑強地走下去。

「无妄往」的要義有兩點：

（1）用心看準目標。

（2）不中斷既定事業。

當我們的心與我們的目標各在一處時，將不會產生推動力；如果二者相互吸引並牢固地黏在一起，將產生巨大推動力。

圖1　心與目標各
　　　在一處

圖2　心與目標漸
　　　漸靠攏

圖3　心與目標重
　　　疊，能量暴漲

同時要記住，事業發展到了一定程度時心依然要靜，要不亂，實力再大也不亂進攻。默多克之所以勝於曹操，就在於他不像曹操一樣憑藉實力大就想一口吞天。默多克不亂進攻，所以不會遭遇赤壁之戰。

12

務實的人成績不斷
无妄行（卦二十五‧无妄）

「无妄行」，就是務實不虛。

華人超級富豪李嘉誠幾十年如一日，

「无妄行」，投身房產，擊敗「置地」，

收購「青泥」，進軍「九龍倉」，吞併「和記黃浦」，

以長遠眼光和穩健風格成為超級富豪，

並因愛國愛港受到世人的一致讚賞。

【案例】

　　李嘉誠在戰亂沒落的家境的環境中飽嘗了艱辛和勞累，年輕時就萌發了發財致富的想法。1957年，他創辦了「長江工業有限公司」，其產品塑膠花在國際市場占據了重要的席位。李嘉誠面對塑膠花的飽和狀態，決定為其發展另尋新的切入點。1958年，當時資本主義世界爆發了「二戰」後的第一次經濟危機，香港也未能倖免，香港的房地產業也進入了蕭條時期，地價猛跌70%，許多地產公司紛紛倒閉。李嘉誠務實經商，獨具慧眼，看準時機以極低的價格購進幾塊地段，建了一座工業大廈，除解決「長江」廠房問題外還將之作為出租物業。1984年，隨著全球經濟的發展，香港地價全面飆升，工業用地、商業園地及民用地升幅分別為280.8倍、73.5倍和82.2倍，這時，李嘉誠因擁有大批物業、儲備地皮而成為香港最大的地主。

易 理

　　1. 人在什麼時候都應該務實不虛。
　　2. 狂妄讓人失敗，謙虛讓人成功。

易理現代應用法

1. 怎樣才能做到務實不虛？

人的眼睛可以望得很高，但雙腳應該踩穩在地面上。正如本書講「履霜堅冰至」一篇時所言：如果大地已是一片冰天雪地，那麼我們只要踩穩堅冰，也能穩步前進。如有條件，則可以採用「滑冰」的方式，利用堅冰，用快於走路的速度獲得成功。但沒到時候切記不要「滑冰」，以免摔倒。

李嘉誠開創長江工業公司時，起步就很務實，專門生產當時市場緊需的塑膠花，獲得了很大的利潤。然後進軍房地產，也小有成就。後來的經濟危機不但沒有摧毀李嘉誠，反而使他看準了這正是騰飛的大好時光，果然，香港的很多房地產公司為了應付經濟危機，拋售地皮，李嘉誠經過縝密思考和研究，集中資金購進了幾塊黃金地段，後來很自然地發了大財。

李嘉誠的成功具有典型意義，他代表了華人企業家成功的一種優秀模式，那就是絕不羞於小打小鬧，一開始就穩步前進，然後尋找機會謀求飛躍飛展。當然這裡面也有「賭」的成分，但這種「賭」也是冷靜穩健的賭法，絕不是冒進、浮誇、盲目下注。

連「賭」都要踏踏實實地才能贏，何況其他。

其實誰都可以做到務實不虛，那就是像李嘉誠一樣把每步都走穩當。這其中要注意兩個問題：

一是別走太快，別只顧追別人，忘了看腳下，也忘了自己的極限時速是多少。

二是別邯鄲學步，忘了自己的走法，以至反而裹足不前。

所謂「務實不虛」就是動真格的，而不是去玩虛的。從來沒人真能靠玩虛的成功，所有的成功人士靠的都是真本事，這其中原因很簡單：餡餅不會從天上掉下來。

2. 如何克制自己的狂妄心？

只有心才能克心，我們只有用謙遜之心才能克制狂妄之心。該「保守」時不妨保守！

李嘉誠就曾宣布：我和那些在海外經商的華人企業家沒什麼兩樣，靠的就是「保守」致富。這是因為，「保守」能讓人謙虛、踏實。李嘉誠當初經營塑膠花曾為眾多香港富豪嘲笑，但如今「保守者」卻成為他們的「大哥大」。

那些趾高氣揚的人通常是打雜的，真正的大老闆從來都是謙虛謹慎，藏而不露的。

圖　解

「无妄行」的要義有兩點：

（1）要務實。

（2）要謙遜。

不務實的人以為真能「空手套白狼」，結果只能

是自己被狼吃了。

圖1　務虛的人花樣多多，眩人眼目，其實並不高明

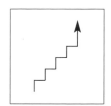

圖2　務實的人踏實走好，越來越高，並且更大氣、更好看

同樣地，狂妄的人張牙舞爪，最後必無大成就，因為他把精力耗在那些外在的東西上了，只有專注於內心成就的謙遜者才能從低飛高。

圖1　狂妄的人舞弄一陣就栽倒了

圖2　謙遜的人關注內心成就，穩步上升

13

行事要自有主張
行有尚（卦二十九·坎）

「行」，指行動；「尚」，指崇尚。

「行有尚」，指行事自有主張。

香港大亨李兆基出手不凡，行有所尚，

不隨人後，有自己的一套想法。

他重才輕財，善於經營管理。

同李嘉誠一樣，李兆基以自己的膽識制勝。

【案例】

　　李兆基在父親開的銀莊裡長大，親眼目睹了由於通貨膨脹，紙幣急速貶值的現狀。李父開的銀莊本小利薄，很快破產，這使李兆基認識到只有搞實業才能賺大錢。所以李兆基聚積了一定的資金後，第一件要做的事便是買地產。當時大量人口湧入香港創業，這些人有了一定積蓄之後，第一要做的事肯定是安家買房。另外，香港的本地市民一般都有自己的住宅，父傳子、子傳孫，在一般人眼中，要開發這個市場尚需時間。但李兆基不這樣認為，他認為香港市民收入增加，改善自己目前的破舊木樓住宅是消費首選。另外香港常遭颱風襲擊，又易造成火災，木製房面臨淘汰。李兆基判斷：樓房是香港目前和今後很長時間裡市場需求最為旺盛的產品。於是李兆基成立「永業企業公司」，開發房地產，並成功地對鬧市區的居民房進行了改造。

易 理

　　行有所尚，用自己的想法成就自己。

易理現代應用法

如何用自己的想法成就自己？

「尚」就是崇尚的意思，「行有尚」就是說行動有自己的一套想法。用自己的想法成就自己包括兩個方面：

（1）形成自己的想法。

（1）自我實現。

從上面的案例我們可以看出，使李兆基從事房地產開發的直接原因至少有三個：

①父親所處的行業遭受衝擊，很難再子承父業。

②從各方面看，香港房地產需要新的開發。

③李兆基能夠聚積一定的資金。

以上三條從外部條件促使李兆基做出選擇，而真正使他下決定卻是這三條以外的內心決定。

當一個人想做一件長遠的事情時，必然經過內心反覆的推敲，有時肯定，有時否定，最終讓他選擇做還是不做的也許是個偶然因素，但究其本質，乃是欲望使然。即：當一個人的想法符合他的內心欲望時，他會去做。當一個人的想法不符合他的內心欲望時，他不會去做，就算勉強做了也會放棄。

也就是說，形成自己的想法靠的是某種欲望的驅動，如李兆基身處銀行家世家，從小耳濡目染，很自然地形成長大當富豪的想法，作為這種想法的具體支

撐便是從事某一有重大發展的行業。但光憑欲望還產生不了效益，這還得由外部環境說了算。即：

　　當一個人的欲望符合市場需求時，會成功。

　　當一個人的欲望不符合市場需求時，不會成功。

　　所謂自我實現，即是指讓欲望找到歸宿。即：內心欲望產生具體想法，具體想法產生具體行動，具體行動符合市場的具體需求，便可合拍。

圖　解

　　「行有尚」的要義有兩點：

　　（1）形成自己的想法。

　　（2）自我實現。

　　這兩點都重點在於一個「行」字，也即行動。「尚」指想法。當行動處於執行想法的具體狀態，如能協調好欲望與外部需求之間的關係，便可成功。

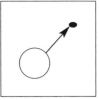

圖1　內心欲望產生想法

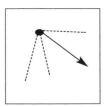

圖2　具體想法產生具體行動

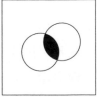

圖3　實際行動與外部需求有多大的重疊，就能獲得多大的成功

14

面對突變要從容、冷靜
突如其來如，焚如，死如，棄如（卦三十・離）

「如」的意思是「這樣」，

這句話可譯為：「就這樣突然來了，燒起來了，

死了，走了。」指突變改變一切。

李嘉誠的長江實業想要收購美麗華，

結果被半路殺出的李兆基集團奪去了勝利果實。

二李平時關係很好，但商戰無情，

智慧有價，誰能「突變制勝」，誰就是贏家。

1993年6月，長江實業與中泰合作，提出聯合收購美麗華酒店集團的建議。每股15.5港元（認股8.5港元），總涉資金87.88億港元。李嘉誠表示，這次收購美麗華是由該集團的一名大股東提出的，但持有美麗華30%股權的大股東楊氏家族並未表態，美麗華申請停牌，停牌價為14.8港元。中泰與長江的收購是李嘉誠一向奉行的善意收購，即當時並未持有美麗華股份，亦未向市場吸納，因此收購的成功與否取決於楊氏家族的態度。

美麗華在50年代業績好、盈利豐厚，但在1989～1991年期間，業績低落，入住率曾低到50%，直到1993年，旅遊及酒店業前景好轉，加上其百麗廣場二期工程落成，收益增加，逐步復甦。因此總經理楊秉正公開表示全部董事均未與長江及中泰達成共識，表達了不滿之情。此時，長江與中泰開始收購美麗華股權。但是恆基兆業集團突然中間插入，以17港元／股購取了楊氏家族的30%的股權，並向市場吸納，使手上控有美麗華34.8%的股權。而長江中泰只有提高收價，展開與恆基集團的爭購。這時，市場預測長江中

泰收購的成功率不高，下調為16.2%港元／股，低於收購價5%，這樣，使收購價重新具有吸引力，而恆基集團又聲明無意收購，因而長江中泰又繼續收購，但到7月16日，百富勤宣布收購截止期時，只購得13.7%的股權和9.2%的認股證，接納收購股份未達50%以上，收購失敗！

易 理

人算不如天算，世上沒有完全可靠的計畫。任何人都應面對可能突如其來的失敗。

易理現代應用法

人應該如何應對突如其來的打擊？

正如《易經》中所言，突如其來的打擊之後，往往是「焚如」（一把火燒壞一切），「死如」（直接導致死亡），這種滅頂之災當然是可怕的。所幸的是還有第三種可能，那就是「棄如」，即放棄。

李嘉誠面對收購美麗華失敗於李兆基的突然打擊，當時也被打蒙了，但他的「保守」作風再次拯救了他，如果是個爭強好勝的人，就一定會拼個魚死網破，但李嘉誠沒有，他承認自己失敗了，並果斷地退出角逐，以免受到更大打擊。

失敗讓我們長智慧，重大失敗更可能讓我們長重大智慧。

突如其來如，焚如，死如，棄如（卦三十・離）

從上面這個案例我們可以看出，如果突變已經發生，失敗已經注定，我們就一定要敢於放棄，不要再錯下去了，不要怕人嘲笑是懦夫。

李嘉誠遭遇這次突如其來的打擊後，反而更加強大了。因為他雖然收購美麗華失敗，但只是少了一筆可能的增長利潤，實際上並沒有損害到公司的發展，他依然是老大。果然從那以後，李嘉誠越做越大，遠遠超過了當初曾打敗過他的李兆基。

二李私誼甚好，又一直風雲不斷，二李間的每次交手都十分經典，而本案例為最好詮釋：能承受突如其來重大打擊的才是最強有力者，將擁有比對方更多的財富。

圖　解

「突如其來如，焚如，死如，棄如」這句經文的要義有兩點：

（1）世界上沒有百分百制勝的所謂完美計畫。

（2）應對突然而至的致命打擊的惟一辦法就是承認失敗並放棄原計畫，保存實力以圖東山再起。

在突變發生之際，惟有災難經驗豐富並有大能力大智慧的人才能躲過殺劫。

有時災難發生，任何局中人都在劫難逃，這時惟一的辦法就是把自己從局中人變成局外人，也就是說，以「放棄」來實現對自身的控制。

面對突變要從容、冷靜

放棄苦心積慮的計畫當然是痛苦的、可惜的，但「棄如」比起「死如」就是幸運加幸福了。這一條易理也完全印證了本書開篇講過的「潛龍勿用」的可貴與可行。可以這麼說，「潛龍勿用」是《易經》全書的總綱，是所有易理的精華所在，海內英雄不可等閒視之！

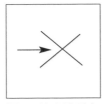

圖1　計畫遭受突如其來的致命打擊

圖2　「焚如」一切被焚毀

圖3　「死如」突變吞噬計畫

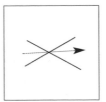

圖4　「棄如」通過放棄走出突變

突如其來如，焚如，死如，棄如（卦三十・離）

15

做事千萬不能拖太久

三歲不得，凶（卦二十九・坎）

「三」在此爲虛指，

「三歲不得，凶」指多年都不能實現一個願望，

這其中定有緣由，弄得不好有損失。

任何事情拖久了都會變，甚至失敗。

美國軍官卡佳經營著名的勝家縫紉機公司，

在20世紀盲目生產19世紀設計的產品，

無視市場的變化，結果「凶年」不斷，

資金短缺，兩手空空，總債務達10億美元。

勝家縫紉機公司是美國第一家國際公司，1940年，勝家縫紉機遍及世界上近百個國家，世界上每三部縫紉機中就有兩部是勝家縫紉機，真可謂是世間有名的「巧手」。

二戰後的日本在政府的指導下，購進15台勝家縫紉機，對它進行拆解測量，製成圖紙，進行零部件的批量生產，最後由專門的裝配廠組裝。1950年日本產的縫紉機每台售價40美元，到1960年每台只賣12美元，而勝家縫紉機不圖改進創新，結果不僅被擠出日本市場，連根據地美國市場也被日本縫紉機侵占過半。勝家這時才急起反擊，但為時已晚。公司片面地堅持「質量就是企業的生命」、「下道工序是消費者」等觀念，忽略了對市場變化的調查和研究，致使產品嚴重老化，喪失了競爭力。歐美大陸居民生活提高後，許多家庭婦女走向工作崗位，成衣購買量增加，家庭已不再需要縫紉機，即便要，也是追求高檔、新穎、現代化的可當作擺設的縫紉機，面對市場的巨大變化，不少廠家很快開發新產品，而勝家還是幾十年一貫制，直到1985年，生產的縫紉機仍是19世紀設計

的產品，這樣，勝家公司終被市場所淘汰。

易 理

一件事如果長久懸而不決，那就可能不只是做事者的問題（比如能力、運氣等），而是說明這件事情本身有問題。

易理現代應用法

如何避免把事拖得太長？

（1）**變人**。也就是主動改變做事風格與方式。

（2）**變事**。也就是強行扭轉謀求的方向，把原來想做的事變成有相同意義或另外意義的另一件事。

任何人都不可能是時間的對手，一件明知不會成功的事，長期拖下去只會把人拖垮。

勝家縫紉公司立志做大，這本來是好事，但問題在於時代變了，對於現代家庭來說，縫紉機已退出，勝家公司逆天而行，又不能穩住既有市場，一方面又盲目收購，結果四處碰壁，連續幾年得不到扭轉，一敗塗地。

勝家縫紉公司要做的是一件不可能成功的事，偏偏又拖得很長很長。如要挽回敗局，必須要用上一篇所講的「棄如」這一招，即放棄這一行為，改行改道，另謀出路。具體而言，有兩種辦法：

一是改變卡佳（勝家老闆）的死腦筋，不再用軍

三歲不得，凶（卦二十九・坎）

人的方式辦企業，產品要為市場服務，而不是兵工廠。試想，當幾乎所有的現代家庭都不再需要縫紉機時，他大量生產出來不是瘋了嗎？

二是改變事情本身，也就是改生產家用縫紉機為工業用縫紉機，或者其他輕型機械。這樣可能失敗，但也可能會打拼出一番新天地，總比坐著等死好。

圖　解

「三歲不得，凶」這句話的要義有兩點：

（1）**做事不可拖太久，不然輕則生變，重則有災。**

（2）**要讓事情為人服務，不要人為事所累。**

我們做任何事情都必須有個預設的大概「限定完成期限」，絕不能無限期地拖，否則根本耗不起。

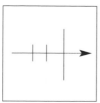

圖1　做事要有節奏、有期限

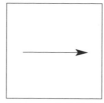

圖2　一件事情無限延長會讓人感覺遙遙無期，無力再繼

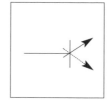

圖3　果斷中止原想事情，另尋發展

16

寶劍要用才鋒利

十年勿用，无攸利（卦二十七・頤）

「攸」，相當於現代漢語中的「所」，

「攸利」即「所利」。「十年勿用，无攸利」，

指一件事或一個人十年都用不上，這樣是無所利的。

古語云：「十年磨一劍」，如果磨十年而不用，

必會過期失效。任何長久的準備都必須付諸行動。

創建於1924年的IBM公司10年一大變，

至今近80年長盛不衰，其奧妙就在於它的長遠規劃和及時實施。

實劍要用才鋒利

托馬斯・約翰・沃森1924年創建了國際商用機器公司（IBM），其產品電動式打卡統計機的計算速度相當快捷，十分暢銷。但1950年，斯佩里蘭德公司發明的新型電子計算機比IBM的產品快9倍，使IBM產品遭受沉重打擊。他的兒子小沃森提出：「時代是洶湧向前的潮流，企業必須順就這個潮流。」經過9年奮鬥，IBM推出了「1404」新型晶體計算機（即電腦），趕上了斯佩里蘭德公司。1951年朝鮮戰爭爆發，小沃森致電杜魯門總統表示願為美軍開發巨型「防務計算機」。這台龐然大物就是IBM研製出的第一部計算機。從此，小沃森決定將計算機的研製與市場需求同步發展。針對不斷發展變化的市場進行的研究工作，使IBM獲得了大量適應市場需求的產品，並導致公司的巨大成功。在後來的15年裡，IBM的生產以每年16%的速度增長。

易 理

「潛龍勿用」不是讓人永遠潛藏不用，而是說到期才用。到期不用，就會過期作廢。

易理現代應用法

如何兌現長遠目標？

這有兩個要點：

（1）長期準備。

（2）長遠目標要長期實現。

IBM在開始打天下時就已進行了長期準備，托馬斯・約翰・沃森與他的元勛們為了1924年（公司開創元年）準備了好幾個年頭，技術、人員、資金、設備、市場均已看好才動手開幹，一幹就幹起來，毫不退縮。

IBM的鐵桶江山是一點一滴澆灌而成，整整近80個年頭的拼搏，換來今日的鼎盛。如果說「十年磨一劍」，那麼IBM已經磨了8柄利劍了，它總是在舊劍未毀時已把新劍磨好，也許這就是它取得勝利的祕訣所在。

圖 解

IBM公司的案例與勝家公司的案例剛好相反，一個每劍擊中目標，一個每劍落空。其原因就在於IBM能不間斷地磨劍與及時出劍，不至於出現「十年勿用，无攸利」的情況。

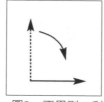
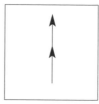

圖1　一把好劍　　　圖2　不用則 无利　　　圖3　用之則利

　　一個好的公司就像一把劍一樣，要多用才能揚名。如果一個公司久經沙場而長盛不衰，這就說明它的鋼火確實很好，使劍者招式、內力都不錯。只有能發出持久內力的武者才能鏖戰強敵，也只有能長期開拓市場的商家才能取得大的發展。

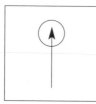
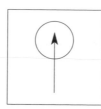
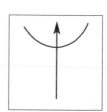

圖1　初試劍鋒　　　圖2　劍鋒所向，　　　圖3　劍鋒深入遼
　　　　　　　　　　　　　地盤擴大　　　　　　　闊疆域

寶劍要用才鋒利

17

絕不能盲目大幹

不可涉大川（卦二十七‧頤）

「大川」，指大河；「涉」，指渡河。

「不可涉大川」，指不能渡過大河。

羽毛未豐，不可以遠翔；方舟未成，不可涉大川。

日本著名企業家三澤千代大學畢業便從事建築業，

由於急於求成，一直經營不善，事業遭到挫折。

他染上了肺病住院3年。

三澤千代在病床上醒悟要創業就必須先理清思路，

待羽毛豐滿之後再高飛。

日本的三澤住宅公司創立於1967年，目前已在美國、加拿大、冰島、印尼等13個國家設立了分公司，成為名副其實的世界性企業。

三澤千代在讀大學時，學的是建築專業。畢業後，他參加了住宅建築的經營，但由於他採取多而大的策略，建築質量跟不上，他的事業便以失敗告終。事業的挫折使他悔恨交加，睡不好，吃不香，並且染上了肺病，不得不進醫院住了三年。

三澤千代在醫院裡對自己的失敗原因和住宅建築業的市場進行了認真的思考：住宅的建築質量是購置住宅者最為關心的首要問題。現在住宅建築工業公司之間競相削價，只能使住宅的建築質量下降，而質量下降最終必將導致公司倒閉，這是一條死路。所以，要經營好住宅建築業，必須從提高質量入手，他給自己定了新的經營哲學：主動了解社會和消費者的需求，設計出質量最佳的住宅，以滿足這些需要。

病癒後，他馬上又創建了三澤住宅公司，重新做起來。經過幾年的努力，三澤住宅公司憑著優秀的質量，良好的售後服務，深得大眾的信賴，因此名利雙

收，成為了一個具有較大影響的公司。

易　理

　　大川必有大風大浪，能過小河的人不一定過得了大川。過大川必須要有乘風破浪的本事。

易理現代應用法

如何從小河走向大川？

　　三澤千代剛創業時其實也小有成就，但當他躊躇滿志，著手大幹時，發覺力量不夠用了，幾經折騰栽了大跟頭。一番痛定思痛，他悟出了一個道理：涉大川與過小河不能用一樣的方法。過小河可以蹚過去，而涉大川還想用腳蹚只會淹死。涉大川或者揚帆橫渡，或者展翅飛越，除此之外只能望洋興歎了。

　　三澤千代剛開始是在朋友公司做，感覺做得還不錯，殊不知他所做的工作只是眾多環節的一部分，早被上頭設計好，他只需要照吩咐做就行了，其實並沒有看到整個行業發展的靈魂所在。只有當他自己做老闆，整天在市場裡摸索，才知道大川之大實在深不可測，以前過小河用的方法毫無用處。而當他務實地想出可行之策並認真踏實地施行後，同時也發覺大川也並不是不能征服的，「我比大川還大」。

　　如此可見，從小河走向大川的惟一方法就在於改換新式交通工具：不用腳蹚，造一條大船渡過去。造

船當然花工夫，但只要把船造好放下水，我們就可以享受乘風破浪的快感。

圖　解

　　小河是水，大川也是水。但一為小水，一為大水，大水威力無窮，只有用大工具才能駕馭它。

圖1　人可涉小河

圖2　人不可涉大川，否則會被淹死

圖3　人不可涉大川，但駕船可以過去

18

條件差不多成熟就上
利涉大川（卦二十七・頤）

「利」，指有利條件形成。

「利涉大川」，指一看見有利條件形成，

應該馬上就開始渡河。

荷蘭阿克蘇公司是世界最大的化學公司之一，

它的成功在於應變市場。

所謂「利涉大川」的「利」，

乃是人爲創造有利空間，而絕不是守株待兔。

阿克蘇公司創建於1885年，是世界最大的化學公司之一，總部設在荷蘭的阿納姆，並在50多個國家設有350多個分支機構。阿克蘇的目標是以負責任的態度建立起一個更大且產品結構合理的集團。

1992年阿克蘇公司宣布一個提案，刺激公司內部文化的變革以提高公司素質，以便阿克蘇給公眾留下更加鮮明的印象。對公司高層組織進行變革，提高整個公司效率與實力，大大拓寬業務機構的責任範圍，縮短通信距離以及完善公司的協調配合能力。並且擺脫15%的與阿克蘇事業主流不合的阿克蘇產品，只保留經營兩類產品，一類是已具有很雄厚實力的產品，另一類是適當地或具有雄厚潛力的產品。這樣，阿克蘇作為化學工業的一個主要選手輕鬆地走上了世界的舞台。

易 理

羽毛已豐就該遠翔，在一切打點停當後可以放開手腳大幹了。

易理現代應用法

如何大幹起來？

先還是不忙於大幹，應該再次審視自身是否已做好準備，思路是否清楚，用以行動的硬體設施（如組織機構）是否合理便捷。

阿克蘇公司1885年就已創立，但只到1992年才開始大幹，這中間經歷了整整107年的準備工作！先後幾代企業家與技術人員、工人為之奮鬥。1992年的機構改革使這個公司真正地迅猛發展起來，成為世界級的大公司。

任何事情做起來都有一定的難度，想要大幹則更難，這必須得同時具備了**天、人、事、理**四方面的有利條件。

如果四方面都具備，必成。

如果具備三方面，可成。

如果只具備兩方面，有一半的希望成功。

如果只具備一方面，有一成希望成功。

如果連一個有利條件都沒有，一般來說，希望等於零。

我們用以大幹的第一條件是「天」，指天時，指市場需求。

我們用以大幹的第二條件是「人」，指做事者本身的素質、機會。

我們用以大幹的第三條件是「事」，指已選好該幹之事、能幹之事。

我們用以大幹的第四條件是「理」，指做事的方式方法要理性、成熟。

有了這四大條件，我們就可以大幹了，但也並不是說你想大幹就能幹起來，或說只要大幹了就能成功，事情原非那麼簡單。一定要記住，必須用上我們已經學到手的《易經》智慧，最主要的是「潛龍勿用」，切記不可輕用劍鋒。IBM80年打一仗，阿克蘇107年大翻身，這是何等充足的準備。《孫子兵法》也教導我們千萬不要打沒準備的仗（「凡事豫則立，不豫則廢」），一味蠻幹的人永遠也幹不起來，一定要用腦子。

圖　解

從不幹到幹，從小幹到大幹，這其中主要取決於「天」、「人」、「事」、「理」四大條件的具備程度，有之則「利涉大川」。

這四大條件本身互動，其關係如下：

「天」使「人」、「事」、「理」有了存在的環境與必要。

「人」依賴「天」，通過「理」成「事」。

「事」因「天」而起，因「人」而異「理」。

「理」是「天」道，一旦這被「人」掌握便可成

「事」。

從以上可看出，光有「天」與「事」不足以成功，重在「人」與「理」，而這兩大因素又以「人」為重中之重，人是可以創「理」的。

很多人從小幹到大幹，就說明了他不斷地應用了新智慧，新方法，創造出了自己的「成功之理」來。

總之，成功就有理，凡是使人成功的都是好道理。

「成功」本來就是一件純粹功利的事情，我們要讓一切為自身服務，必要時可以玩出軌，玩出火，只要不「焚如」就行。

圖1　不幹

圖2　小幹，四大條件略具雛形

圖3　大幹，四大條件基本具備，利涉大川

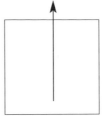

圖4　幹出新境界，四大條件完全具備，飛龍在天

19

開始時要努力學會做小

求小得（卦二十九‧坎）

「求小得」，指追求較小利益。

蛋糕要做大，首先要會做小。

「求小得」乃是將來「大得」的基礎。

台灣經營之神王永慶在16歲就開了間米店，

為了求發展，

他一改台灣米行坐店售米的風格，

主動免費一家一家送米上門。

　　台灣億萬富翁王永慶在15歲時便給米店打工，他一邊賣力工作，一邊暗中觀察米店的經營。後來，王永慶省吃儉用，積攢了一點錢，加上父母的幫助，16歲時自己開了一家米店。但生意並不好做，他的米店是新開的，規模又小，很難與那些老字號的米店競爭，因此生意冷淡。

　　但王永慶並沒有打退堂鼓，採取積極主動的全新服務方式，與那些老字號的米店決一高低。

　　他採用免費送米上門的經營方式，從小處著眼，處處為客戶著想，服務十分周到，每次送米到客戶家時，他總是主動地把客戶缸裡的舊米倒出來，把缸清理乾淨，先把新米裝進缸，再把舊米裝在上面，客戶十分滿意。並且在裝滿過程中，打聽客戶家的用米情況，回去後集中記在一個本子上，等到估計客戶家中的米剩下不多時，就及時提醒客戶是不是要送米了。這種服務十分受歡迎，他的米店也越來越興隆。有了這種做事的精神與心機，王永慶最終成為了著名的經營之神。

易 理

哪怕是浩瀚的大沙漠，也是由一粒粒的細沙所組成的。

易理現代應用法

如何把事業做大？

一是要從小處做起，二是要用「沉澱」的方法完成「聚沙工程」，而不是用簡單的堆積。

關於「從小做起」我們已在前面兩篇「不可涉大川」、「利涉大川」中詳細研究了，現在重點講解怎樣形成大沙漠。

人們第一眼看見沙漠都會驚歎：要多少沙子多少年才能堆成啊！

其實大沙漠並不是由沙子慢慢堆起來的，而是由原來大海底部的淤泥或砂岩沉澱、風化形成。人們礙於常理，在此有個誤區，以為是：

沙子 ——組成——→ 沙漠

其實這只是表面現象，沙漠當然由沙子組成，但又並非由沙子加沙子形成的，它的形成模式是：

大海 ——沉澱——→ 沙漠（無數沙子）

這兩個概念的差別太大了。

財富的積累也是這樣。要想賺大錢，並不是由一分一分的錢慢慢積累起來的，而是由另一種形態轉換而成。大海沉澱成大沙漠，一次大型的項目、計劃、銷售才能賺到較多的錢。

當然，這並未削弱我們積聚沙子的重要性，而是說那是一個很好的基礎。求大利先要求小得，但老是小打小鬧也不能成大事。

王永慶如果一輩子送米上門開小店，他是毫無希望做大富豪的。本案例意在說明：求大利一定要先求小得，但要用求小得之外的方式方法去求大利。

圖　解

一般人的認識誤區在於機械地認為沙子組成沙漠，沙子加沙子等於沙漠。這種想法已證明是錯誤的。

正確的情況是：沙漠的確由沙子組成，但沙漠與沙子同時形成。也就是說，沙漠與沙子是同一概念，而非由一個形成另一個。

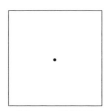

圖1　一粒沙子

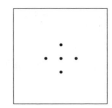

圖2　光由沙子一粒粒堆積，不能形成大沙漠

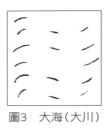

圖3 大海(大川)

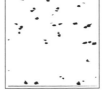

圖4 大海退去，
大海底部形成大
沙漠（即無數沙
子）

　　那麼，「求小得」，也就是做沙子的意義何在
呢？從上面我們已經明白：

　　沙漠與沙子都由大海形成，屬同一概念，也就是
說，我們做沙子也就是在做沙漠，換言之，用做沙漠
的思維來做沙子，即用「求大利」的想法來指導「求
小得」。

　　王永慶就是這樣做的，他比我們先領悟這個道
理，所以他先富起來。

圖1 一粒沙子

圖2 一粒沙子放
大

圖3　求小得

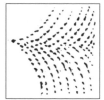

圖4　用求大利的
想法來求小得，
小得便可為

開始時要努力學會做小

20

任何時候尊重別人都沒有害處
敬之无咎（卦三十‧離）

「敬之」就是尊敬對方，「无咎」就是無害。

「敬之无咎」，就是對事業夥伴，

甚至競爭對手都要講規矩，要尊敬對方，

這樣才能憑大仁義賺大錢。

世界船王包玉剛認爲自己的巨大成功主要有三點：

一是個性，二是銀行界信賴支持，

三是與日木航運界及世界各地造船‧

航運大王有著良好的關係。

【案例】

世界船王包玉剛有著鮮明獨特的個性，談生意時，十分尊重對方，也尊重自己，從來不把客戶領到酒館裡去談生意，而是每次都在他豪華的會客室裡，用高雅的話題，名貴的茶葉來招待客人，在友好的氣氛中商討共同利益。

日本造船商把包玉剛稱為「我們最尊貴的主顧」，因為從1961年以後，他一直在日本訂造船隻。每逢造船業淡季，日本船廠吃不飽、虧損大時，包玉剛寧可自己吃些虧也在日本訂船。1971年，航運業生意不景氣，他依然向日本訂造了6艘船，總噸位達150萬噸。造船商為此感激涕零。後來航運生意興旺，船東紛紛在日本訂船，造船商忙不過來，不肯接單，但只要是包玉剛訂的船，船商二話不說，立即命令船廠開工，為其造船。

易 理

互相尊敬才能互相受益。

易理現代應用法

如何才能贏得別人的尊敬？

只有尊敬別人才能換來別人的尊敬，做生意最講究面子，生意場上面子最值錢。

千萬不要不好意思，一切從自己開始。主動表示善意難道真的那麼難嗎？

人與人之間只有三種關係：

第一種：敵人。

第二種：朋友。

第三種：非敵非友，各走各的。

對於敵人（競爭對手或曾傷害過自己的人），我們要與他化解宿仇，千萬不可樹敵太多。萬一不能化解雙方矛盾也要保持克制，這樣才有利於交往。

在這方面，包玉剛做得相當好。眾所皆知，日本人曾侵占香港，給香港市民造成難以估計的傷害，對於包氏家族也造成很大損失。但包玉剛並沒有在戰後把日本商人也當敵人看，他是個商人，就抱著賺錢的單純目的與日本造船商生意來往。

日本商人對於包玉剛來說，一是技術好，二是地理上較近，三是講信用，這三點正適合做他的事業夥伴。

當然對日本商人，包玉剛也是有防備之心的，但雙方關係穩定下來後，隨著友誼的發展，生意也越做

敬之 无咎（卦三十‧離）

越大。大家彼此信任、合作，這時做的就不僅是生意了，已上升到另一境界。

對於「敵人」尚且要尊敬（須知「敵人」的本事都很大），何況對朋友與路人。

從包玉剛的案例我們可以得出一個簡單的道理：要做大事就要尊敬別人，相信別人，這樣才會贏得朋友，財源不斷。

圖　解

「敬之无咎」的要義有兩點：

（1）**尊敬別人**。

（2）**要互惠互利**。

世界上的每個人都有著相同的人格訴求，你把他當人，他就把你當人；你把他當豬，他就會把你當豬，甚至豬狗不如。

尊敬別人說白了是為了別人也把自己當人，只有不把自己當人的人才不把別人當人。

你把別人當敵人，別人也把你當敵人，甚至更敵視；你把別人當朋友，別人也把你當朋友，甚至更友好。

當然也有把敵人當朋友、把朋友當敵人的錯誤時刻，這時尤其需要明辨。

有的人在生意場上只知道攻擊，霸氣十足，動不動就下黑手，完全用不道德的手段贏取暴利，這樣的

人肯定不會長久，下場都會死得很難看，絕對無一可倖免。

香港身處海洋，像包玉剛這樣優秀的香港商人有著大海一樣的胸襟，敢於化敵為友，值得學習。

圖1　老是與人對著幹難有長足發展

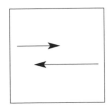

圖2　互相尊重儘量不造成傷害

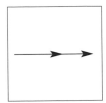

圖3　大家化敵為友會有更大成功

敬之无咎（卦三十・離）

21

老獵人深知獵物行藏
田无禽（卦三十二‧恆）

「田」，田野；「禽」在此時指珍禽異獸。

「田无禽」，指要打獵就要去山上，

田地裡是沒有珍禽異獸的。

每個做大事業的人都要找準自己的市場，

搶占各自的山頭。在美國民航業界，

波音與麥道合併後，除了「空中巴士」，

格氏公司其實也是一條大鱷。

波音與麥道合併以後，堪稱美國航空業的巨無霸，與其競爭的只有「空中巴士」了。是否就沒有其他的航空企業存在呢？不！還有一個格氏飛機公司。波音、麥道、空中巴士都是大型的客貨機，而格氏卻是小型商用飛機的代名詞。

格氏飛機公司只在自己的商用飛機身上下功夫。1996年格氏公司掙了4700萬美元，比前年增長63%。新的管理方式以及小型商用飛機市場一再上升，格氏飛機公司在上世紀末，手頭訂單金額達30億美元，在北美成為波音公司之外的惟一獨立的飛機製造商。

格氏致力於商用機的經營，不斷開發出新的機型，搶占自己的山頭。1958年，格氏2型雙引擎渦輪發動機完成設計並運行良好，十分舒適。1979年，格氏3型始航。1985年格氏4型問世，機身大，速度快，造價高，奠定了格氏作為商用飛機的一流製造商的寶座位置。1996年，格氏5型商用飛機獲聯邦航空管委會認證。41個公司訂購了格氏5型，格氏成為世界第三大商用飛機製造商。

易 理

打獵要找準地方。

易理現代應用法

怎樣才能打到珍禽異獸？

答案極其簡單，只有到處去轉悠，才會打到各種獵物，光是坐在田裡守株待兔只會餓死，所謂「田无禽」的道理即在於此。

打虎要上山，獵獅子要去非洲草原，射雁要在沼澤裡，捕鷹則要去群峰之巔。切記：所有的珍禽異獸都不是家養的，都不會在田地裡出現。

同時也要切記：所有的獵物各有其主，誰想絕對地一統天下，那是不可能的。只有滿足於自己的一份的人，才會獲得最大限度的成功。

在這點上，格氏公司很明智。原來美國航空業是空中巴士的天下，後來波音與麥道合併後，新波音與空中巴士難分高下，有時波音牛，有時空中巴士牛，各有市場，從名氣上講二者難分高下。

在這種強強相爭的情況下，格氏公司智慧地淡出角逐，不做大型客機，而是做小型商業飛機，在其雙方勢力未至之處大做文章，結果贏得了同樣巨大的成功，成為第三大鱷。

田无禽（卦三十二・恆）

圖　解

「田无禽」這句話的要義有兩點：

（1）田中无禽。

（2）田中有禾麥。

對於一個滿足於豐收禾麥的農夫來說，一生守著他的田地就夠吃了；可是對於一個有志於四方的獵人來說，就必須離開自己狹小的田地去各種地方搜尋珍禽異獸。

農夫與獵人的境界並無高下之分，就事論事，如要做獵人，就必須走出原有心田。

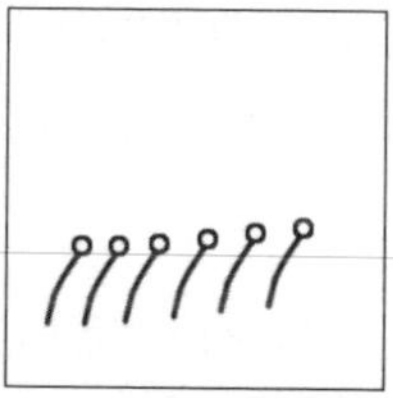

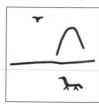

圖1　田中沒有珍禽異獸，但有禾麥可供農夫收割

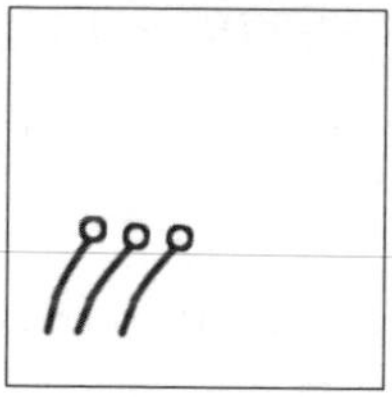

圖2　不想做農夫要做獵人，就要走出原有田地

圖3　遼闊原野到處有珍禽異獸

22

見好就收是高手

肥遁，无不利（卦三十三．遁）

「肥遁」，就是賺了大錢功成身退。

全美最大商店西爾斯的董事長愛德華．

布倫南工作了36年，

當他發現馬丁．內斯的專業水準，

完全可以「頂替」自己之時，激流勇退，

於企業，於自己，於接班人都有好處。

【案例】

愛德華・布倫南是全美最大的商店西爾斯的董事長。他掌管公司大權達10年之久,並為公司的壯大做出了巨大的貢獻。

但1986年他卻宣布自己退位,他認為自己的長處是為西爾斯這艘巨輪指引航向,而具體的市場拓展、策劃、組織管理、產品銷售策略、公司形象的市場定位策略,這些都不是自己的優勢。他把大權交給以銷售業績卓著、精明強幹、雷厲風行、判斷市場準確和降低成本而著稱的原薩克斯百貨公司副董事長馬丁・內斯。

布倫南的激流勇退為馬丁・內斯發揮才華提供了空間。馬丁・內斯對公司進行了大刀闊斧的改革,並在短短一年內,就創造了百貨業增長的新高。這樣,公司與股東都獲得了最大的收益。

易 理

會玩牌的人總會在贏錢後收手。

易理現代應用法

怎樣才能「只贏不輸」？

答案只有兩個：

第一：**不賭**。不賭就是不贏不輸，而不輸就是贏，也就是「只贏不輸」。不加不減等於加，零永遠大於負數。

第二：**賭贏了就不賭了**。這樣就杜絕了再贏或再輸的雙重可能。在已經贏了的情況下，既不再贏也不再輸等於贏。加到一定時候就不加不減了等於加，正數永遠大於零與負數。

愛德華‧布倫南苦心經營贏得偌大產業——全美最大商店西爾斯，從產業、事業心及年齡等因素綜合來看。對於他本人來說，他已經做得夠大了，飽和了，再做下去就沒意思了，甚至就危險了。在這種已經贏了的情況下，愛德華‧布倫南功成身退，「肥遁」了，將事業傳位於人，安享晚年，實屬高境界之人。

古往今來會做加法的英雄很多，會做減法的智者卻很少。於是我們發現那些英雄在做足加法後不懂適可而止，還一味地加下去，結果加數引起變數，反被外部世界做了減法，失敗了。這類失敗的英雄如西楚霸王項羽、大順闖王李自成等，他們就是違反了玩牌的規律，只會做加法不會做減法，被無情出局。

與其被外部世界做減法滅掉，不如我們自己先做

減法驟然停止遊戲，終止原有遊戲規律的控制，便可無恙。

「肥遁，无不利」，這是一個相當關鍵的道理，與前面講過的「棄如」都是通過做減法獲得成功。一般人認為要成功就要不停地做加法，只有經山歷海的人才知道不但要會做加法，還要會做減法。而且減法比加法更重要，因為會做減法的人便不會被翻兜、摔倒重來。

減法使人成功。

圖　解

「肥遁，无不利」全部要說的意思就是：人不能太貪吃，要學會說：「好了，不吃了。」最好是只吃八分飽。八分飽效益要大於十分飽。

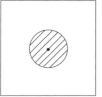

圖1　開始吃

圖2　吃十分飽會把自己淹沒掉

圖3　吃八分飽留下充足空間。「肥遁，无不利」

23

進退兩難時要用心化解窘境
羝羊觸藩，不能退，不能遂（卦三十四・大壯）

「羝羊」，指公羊。

公羊用角去撞籬笆，

結果只能處於進退維谷的尷尬境況。

智者當避免這種事情發生。

蘋果公司曾是個人電腦業的巨人，

但就是這樣一個巨人屢陷困境。

如今的蘋果與微軟合作，

不知比爾・蓋茨與喬布斯誰更英雄？

【案例】

蘋果電腦公司曾是美國個人電腦業的巨人，在20世紀80年代蘋果公司為其個人電腦設計了一圈相當好的方案（但與整個計算機界通用標準不兼容）及操作系統的基本架構，企圖讓其他公司的產品來與自己的操作系統兼容，從而鞏固自己的地位。

1985年，蘋果公司與微軟合作設計包括電子表格軟體Excel在內的多種應用軟體的過程中，帶走了蘋果公司最具魅力的核心技術——圖形界面，並將之移植到Windows操作系統中。

此舉使一向以多媒體技術著稱的蘋果電腦，不但無緣分得殊榮和財富，反而落得季季虧損的下場。

1991年10月，形勢嚴峻的蘋果破天荒與昔日死敵IBM結成注定要不歡而散的聯盟，代價是放棄它得以占據電腦業一席之地的根本所在——新一代計算機作業系統架構思想。

這時比爾‧蓋茨評價說：「蘋果連自己的出生證都賣了，它失去了曾引以為豪的東西，實在讓人深感悲哀。」

易 理

人做事情不可以把自己逼上絕路。

易理現代應用法

人在絕路該怎樣自救？

惟有破斧沉舟，或主動放棄。主動放棄即前面講的「棄如」，在此重點講解破釜沉舟。

蘋果公司無疑也是個大腕，從世界影響力與實力方面與微軟、IBM等公司處於同一檔次。但為何竟不如這二者？並非實力不如人，說白了原因很簡單，它被人算計了，一次次地被算計了。

蘋果公司有著美國傳統公司的道德風格，它是一個講究規矩，注重培養實力的大公司。但這樣的公司在現代商戰中必將處於劣勢，特別是在頂級較量中毫無勝算。這一簡單道理在蘋果與微軟及IBM的兩次合作中，得到了鐵的印證。

蘋果公司惟有破釜沉舟，與那些對手拼個魚死網破（這時它會發現對手並非那麼堅固強大），才能在成功之後繼續行仁義，否則「王道」將為「霸道」所毀。

圖 解

「羝羊觸藩，不能退，不能遂」無疑是尷尬被動

的局面，造成這種局面的可能是來時路上某條讓人迷失的分岔道，可能是藩籬太堅韌，也可能問題出在羝羊身上。

無論如何，這種尷尬局面已經形成，如前所說，打破它的辦法只有兩個，一就是破釜沉舟，二就是主動放棄，也就是：

（1）不能退，則強行退。

（2）不能遂，則強行遂。

「遂」者，完成也。「退」者，棄如也。

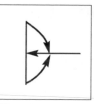

圖1　羝羊觸藩，不能退，不能遂

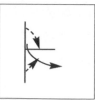

圖2　不能退，強行退

圖3　不能遂，強行遂

24

做事抓重點才不亂
得其大首（卦三十六‧明夷）

「得其大首」就是「得其大要」，

我們做事情要抓重點而不拘小節，

賺大錢不計小錢。

這無疑是生意場上的一條金科玉律。

全球第一CEO韋爾奇只用一招便拯救了通用電器公司，

那就是做事要群策群力做大，

公司13個事業部允分自主。

20世紀80年代初,通用電器面臨著日本、韓國等企業強大的競爭,不少產品被衝擊得萎縮、衰弱。

這時,韋爾奇接手了公司。面對公司機構臃腫、部門林立、等級森嚴、層次繁多、官僚主義嚴重、反應遲鈍,在競爭面前束手無策,節節敗退的現狀,他先進行削減重疊機構,大力壓縮管理層次,強制性要求在全公司任何一個地方從一線職工到他本人之間不得超過5個層次。

接著在全公司開展「群策群力」的規劃。即公司執行部門從不同層次、不同崗位抽出幾十人或上百人參加會議,由部門負責人向參會職工簡單介紹傳統作業方法和工作程序。在全公司掀起尋求最佳作業方法的活動,並在全世界範圍內學習和引進其他公司在設計、製造、營銷和管理等方面的最優秀的工作方法和經驗,提高通用電氣的工作效率。

這樣通用公司總結和創造出了一系列最佳作業方法,普遍推行「群策群力」方法,讓廣大職工有參與管理的機會。而且各級主管經理享有最充分的自主權和決策權。

易　理

打蛇打七寸，做事從緊要處著手。

易理現代應用法

如何將複雜問題簡單化？

大凡一件事開始時都比較清晰簡單，比如很多人開公司就是抱著賺錢的簡單目的。隨著事情的推進，就會日漸複雜起來。如一個公司開張後馬上面臨市場、員工、資金、項目、對付工商稅務等一系列重大問題。一般的老闆便會幾面受敵，一天到晚疲於應付。有智慧的人則不然，他能認識到事情發展的複雜性與必然性，從而能從複雜的具體事務中抽身出來從事組織管理與決策上的理論工作。無論事情如何複雜、棘手，他總能想出一條簡單有效的解決之道，將複雜的局面簡單化操作，並與最初的想法接上軌，不至於偏離路線，然後他會想出具體並能應付複雜化的局面的簡單化方案來施行。

從簡單到複雜，再從複雜回到簡單，這樣便符合做事的天然規律，成功有道。這一切都歸功於「簡單化操作，即「得其大首」的做法，做事抓要害。

韋爾其號稱「全球第一CEO」，他使通用電器越來越牛的絕招便是「得其大首」，化複雜為簡單，改革公司只做50%的工作，只負責解決根本問題，剩下

的50%工作讓手下各部門去完成。韋爾其這一招「得其大首」，重在使矛盾重重、發展不一的公司內部統一起來，群策群力，從而推動公司發展。

圖　解

　　「得其大首」的要義只有一個，那就是做事情只管做緊要工作，其他的可以先放一放，或讓別人去做。同樣地，我們可將這一要義表示為：

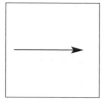
圖1　開始做事，一切簡單明瞭

圖2　隨著事情發展，一切複雜化，甚至分叉

圖3　從緊要處著力，使事情回正軌，收回分叉，化複雜為簡單

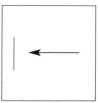
圖1　開始時一箭一靶

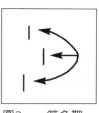
圖2　一箭多靶，難以成功

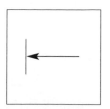
圖3　一箭穿一靶，得其大首

25

不是每個人都適合在高處
初登於天，後入於地（卦三十六・明夷）

「初登於天，後入於地」，

指開始在天上，後來跌到了地下。

這句話並不是說某人能上天入地無所不能，

而是說他先贏後輸，多因先前根基不穩，

或選錯了方向。這實乃生意場之大忌！

正因為如此，

香港漫畫大王黃玉郎所創辦的玉郎國際一朝敗兒，

失手無奈。

被譽為香港「漫畫及出版界奇才」的黃玉郎，創辦「玉郎國際」。1975年創作的《龍虎門》、《中華英雄》、《如來神掌》及《醉拳》打入東南亞、美國、日本，取得相當業績後收購了著名的《天天日報》，創辦了《金融時報》，耗資7000萬港元買入整幢處於黃金地段的新聞中心作為玉郎國際的總部，這一切表明這位白手起家的企業家的事業正如日中天。

但它在證券市場上的投資是當年公司營業額的4倍，達4.7億港元之巨，遺憾的是，正是這筆投資葬送了玉郎國際的大好前程。1987年10月，受美國股市大跌的影響，香港股市展開了下跌的狂潮。恆生指數由月初的歷史性高峰3949點，經過兩個黑色星期一的狂跌，跌至2242點收市，在這次股災中，玉郎猝不及防，當場損失2.32億港元，元氣大傷，淪於窘境。

災後，玉郎主業還是一派佳景，業務發展良好，前途光明。但兩次敵意收購把苦苦掙扎的玉郎徹底推向深淵，黃玉郎合縱連橫的如意算盤也落空，玉郎國際完全落入他人之手，黃玉郎還因做假賬被判入獄服刑4年。

易 理

高處要防跌。

易理現代應用法

身在高處如何防跌？

古語云：「高處不勝寒。」不僅如此，高處之寒不是一般的寒，它極可能把人凍死在天堂。

人往往如此，下地獄會被火燒死，上天堂則會被風刮死，待在地面也並不安全，往往要受天堂地獄的冷熱夾攻。

2002年秋天在北京「紅秀場」酒吧上演過一個行為藝術表演：一個人把頭深深埋進地面的大圓洞裡，腳則高高地被繩吊起，全部身體靠雙手趴著支撐。

這個行為藝術形象地再現了人在天堂地獄間靠「趴著」生存的艱難境地。當然人完全可以自立起來，這須要同時打破地獄的惡夢與天堂的美夢，真愛地面美好的一切。

所以，高處要防寒，高處要防跌。本來人能爬到高處已經不容易了，理應見好就收。問題在於有的人越爬越高，最終因台基不牢固，以致栽倒。

還有種人，本來就有恐高症，偏又心高氣傲，結果勉強爬上高處，也就很快掉下來了。

對付高處跌倒並無他法，惟有：

初登於天，後入於地（卦三十六．明夷）

（1）如前所講，要學會「肥遁」（賺了就退），學會「棄如」（必要時放棄）。

（2）把台基加寬加厚，夯實。

連長城的台基沒夯實都會倒塌，何況人！

黃玉郎的漫畫是一流的動作漫畫，但他創辦的玉郎國際台基不牢（主要是股票方面），以至於龐大事業一朝轟然倒地，實在令人為之歎息。

圖　解

「初登於天，後入於地」，並非說某人能上天入地，而是說從高處跌倒。如果人要追求高處的風景，或想再上一層樓而不至於跌倒，就必須把台基夯得更穩、更寬、並且限制高度。

記住要有限定高度，不能無限高，那不可能。同時不要半途而廢，製造出只令人遺憾的巴比塔。

圖1　初登於天

圖2　後入於地

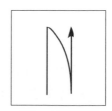
圖3　重新爬起

同樣地，這條易理可以表示為：

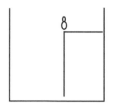

圖1　身在高處

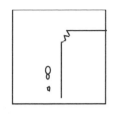

圖2　台基不牢，從高處跌倒

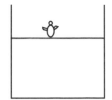

圖3　台基加固、加寬、限定高度，不會跌倒

　　必須知道，人所能達到的高度是有限度的，追求無限的人最後將無限絕望。只有追求有限的人才會享受無限。

圖1　想抓住白雲

圖2　人增高了白雲也增高了，始終抓不到

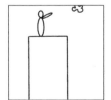

圖3　人高到了極限，白雲依然遙不可及

圖4　智者知止而樂

初登於天，後入於地（卦三十六・明夷）

26

積累財富就是積累智慧
富家大吉（卦三十七·家人）

「富家大吉」，指富豪之家大吉大利，

所謂家大業大，「多財善賈」是也。

富豪之家好賺錢，

因爲他本身就處在金錢的流動環節中。

當今世界首富比爾·蓋茨身價達天文數字，

怎麼也整不垮，因爲他已化身爲財富本身。

　　1982年2月，蘋果公司推出麥金電腦，其獨特之處是，操作者與電腦溝通的不是以往的文字、數字及標點符號，而是圖形。這種產品打破了各國文字界限。微軟馬上與其合作開發「視窗」軟體，這樣微軟就把蘋果圖形界面應用於Windows操作系統。

　　人們終於認識了微軟，承認了比爾・蓋茨的價值。1986年3月13日上午，微軟公司的股票第一次在紐約上市。開盤價為25.75美元，一天下來，成交360萬股，收盤時為27.75美元，證券分析家說，他們還沒有見過初次上市就如此搶手的股票。幾週之內，股價升到每股35.50美元。1987年3月，微軟的股價高達每股90.75美元，而且還在繼續增長。時至今日，比爾・蓋茨已成為財富的代名詞。2003年春天，比爾・蓋茨的北京之行充分地展示了他的首富風度，極大地激勵了中國的企業家。

易 理

長袖善舞，多財善賈。

易理現代應用法

如何才能使事業大吉大利，只賺不賠？

永遠大吉大利是不可能的，整體上順利就算不錯了；永遠只賺不賠那是不可能的，但是可以做到賺多賠少。

要想大吉大利，就必須讓自己的運氣好起來。

這其中有個祕密：

人是能控制自己的運氣的，所以聰明人總會對自己說「我會好起來」、「我會更好」；而笨蛋只能說「糟透了」。

有個大家耳熟能詳的笑話：兩個酒鬼喝酒，喝掉了半瓶。聰明鬼說：「哈！還有半瓶。」笨鬼則說：「唉！只有半瓶。」一個越喝越高興，達到了喝酒的最高境界，飄飄然而不醉；另一個則越喝越沮喪，喝到最後想到傷心事放聲大哭。

比爾‧蓋茨無疑就是一個聰明的酒鬼，當他能拿到50%的市場份額時他會說：「哈！還有半瓶。」而他的對手只會說：「唉！只有半瓶。」所以比爾‧蓋茨贏了。

賺錢之道在於把自己與財富融為一體。埋財一點兒都不重要，重要的是把自己當錢使。

圖　解

　　「富家大吉」之意即「多財善賈」，而「多財」是怎樣來的呢？如上篇所說，要夯實台基。要做比爾‧蓋茨，不要做黃玉郎。要做李嘉誠，不要做李自成。

圖1　大阿福

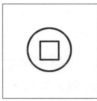

圖2　大阿福變成錢

圖3　富家大吉

27

苦難使人奮發向上
往蹇來譽（卦三十九・蹇）

「蹇」，晦運。「往蹇來譽」，

意思是苦盡甘來，苦難會給人榮譽。

當年被美國國際金融學會授予「世界最佳銀行家」

的日本住友銀行總經理磯田一郎，

他在接手住友銀行時，

經歷了常人意想不到的巨大困難。

【案例】

1997年6月，磯田一郎被任命為日本住友銀行總經理。這時的住友銀行正處於內外交困、舉步維艱的時期。而且還由於要妥善處理「安宅產業案」，住友銀行將要付出2000億日元的代價。在這種情況下，能維持現有的局面都很不容易，要恢復「日本銀行第一」幾乎是不可能的。磯田認為要擺脫困境，就要以開創的精神工作。

磯田一郎一改以往按時上下班的做法。他在日本東京帝國大飯店設立了前線指揮部，率領一批同事進駐裡面，同甘共苦，日夜苦戰。這位65歲的老人，夜以繼日地指揮作戰，每天只睡三個小時左右，在進駐飯店的兩年時間裡，磯田患老年消化不良症，經常瀉肚子，體重減少了10公斤。

他在這兩年的艱苦奮戰中，消除了住友銀行機構上的弊病，建立了主次分明的組織機構，實行各總本部經濟獨立核算制，總經理權限下放制以及啟用人才制。經過三年的奮鬥，住友重新登上了日本銀行第一的寶座，磯田本人並被授予「世界最佳銀行家」的巨大榮譽。

易 理

榮譽來自苦難。

如何渡過目前的困難？

我們首先要看到「目前的困難」並不是發生在目前，在此之前就已存在。我們看到的是結果，在此之前各種力量相生相剋，依次推動某事件、某組織的發展或消亡。

日本住友銀行在1977年在日本高收入企業中排名第五位，對於曾長期排名第一的該銀行來說無疑面臨重大挑戰。磯田於這時走馬上任，這是一個非常精明的日本人，就像韋爾奇拯救通用電器一樣。磯田用了同樣的一招「得其大首」，拯救了住友銀行。磯田沒有進行改革，但他進行了嚴格而靈活的管理。

有時，爛攤子是不吃改革那一套的（動得越大，爛得也越大），但服管理（由鬆到緊，終於凝聚散沙堆成塔，捏雪成球，越滾越大）。

磯田用最沒有創意的死辦法（先做起來或繼續做著走）渡過了目前困難。

磯田處於工作傳統比較缺之主動性的日本，他不能讓他的手下像韋爾奇的手下一樣，一邊打高爾夫一邊向他輕鬆彙報工作。磯田只能像諸葛亮一樣什麼都

帶頭做，一個65歲的老人每天為了工作只睡三小時。

磯田的這種「老而逾狂」的工作精神，不可逆轉地逆轉了當時局勢。住友銀行重新排名第一，這一切也為這位老人贏得了巨大的榮譽。

圖　解

「往蹇來譽」要義主要有兩點：

（1）要吃苦。

（2）苦難會贏得榮譽。

圖1　來路充滿坎坷

圖2　坎坷變階梯

圖3　往蹇來譽，苦難是金

28

困難時相信自己馬上會時來運轉

往蹇來反（卦三十九‧蹇）

此處的「反」就是物極必反的反。

「往蹇來反」，意思是一個人（或企業）

倒楣到了盡頭自然會時來運轉。

日本的「企業怪物」

任天堂開始經營娛樂業時被人踩成墊腳石，

後來終於憑藉開發海外市場，

打了一系列漂亮的翻身仗。

【案例】

任天堂是通過經營娛樂業而大獲成功的新富。但他在獲得成功以前卻屢遭失敗。

20世紀60年代的日本經濟開始起飛，人們對娛樂商品的需求增加，但由於很多娛樂商品就像流行感冒一樣，一陣風來，一陣風去。

10年過去了，任天堂除了撲克牌製作更精美外，得到的只是無數痛苦的教訓。

1975年，日本興起電子熱，任天堂決定投入巨資從事電子遊戲業，但不久的石油危機如秋風掃落葉一般，立根未穩的電子遊戲差點被連根拔去，任天堂只能慘澹經營，關鍵時還是撲克牌保命。屢遭摧殘的任天堂在痛苦中仍清醒地認識到，電子產業是未來經濟的基石，而遊戲業最能發揮電子的優勢。因此，任天堂冒著風險，決定繼續開發和投資。當1980年開發出液晶電子遊戲與數字表盤相結合的遊戲表時，任天堂終於苦盡甘來。接著，任天堂開發的「傻瓜孔格」遊戲軟體，馬上在美國引起轟動，成為千百萬少年兒童追逐的目標。

任天堂終於成功，自己創造出了天堂。

困難時相信自己馬上會時來運轉

世上的事總是按陰、陽、陰、陽的規律循環前進，只要堅持，就會出現物極必反，就會時來運轉，反敗為勝。

易理現代應用法

如何打翻身仗？

要打翻身仗就要做翻身人，要翻身就要自己翻身。別人是不會管你翻不翻身的，別人只會把你壓在身下，把你踩在腳下。

當被壓久了，自己翻身是困難的，這必須要靠自己從內向外使勁，並盡可能地抓住身邊的東西作為著力點。當然，僵屍是不會翻身的，翻身的重要前提是自己還沒死。

其實很多的「死」是假死，現代醫學證明，很多人在「臨終」時只要不斷地告訴自己：我不會死、不要睡覺，並嘗試著甦醒與動起來，往往有1%的可能憑藉自己身體的潛能與心中的意志「復活」。

很多的「死」是累極了的表現，其實那時歇得差不多了就可以恢復，一般人錯就錯在一睡就自己不起來。

任天堂給自己取了一個大氣的名字，一看就是做大事的人。在創業過程中，他如同磯田一郎一樣吃盡了苦難，也可以說累極了。此為「往蹇」。

當他堅持不斷地努力，毫不在乎外部的打擊繼續開發新的遊戲產品時，一種潛能，一種自內而外的強勁意志激活了他，他緩緩「復活」了！很快躍起取得勝利。

內心的意志需要外部的支持，只有感應外部世界的細微變化才能使內心復甦，終結前事，開創新篇。此為「來反」。

「往蹇」的重點在於保持、培養內心強勁意志；「來反」的重點在於感應外部世界的細微變化，並如實做出反應。

樹蛙可以被冰凍僵死五個月後等天氣轉暖後緩緩甦醒，很多動物都能用冬眠渡過殘酷的冬天，因為牠們熟知一陽復始、物極必反，即「往蹇來反」的自然規律。人應該向動物學習，通過掌握自然規律獲得生存。

「往蹇來反」要義有二：

（1）用強勁意志應對「往蹇」。

（2）用敏感神經感應外部細微變化並如實做出反應，自動「來反」。

「蹇」與「反」是一組相反的詞，也是一組遞進的詞，當「蹇」到極致，便會「反」。這是自然規律，所以關鍵不在於會不會「反」（一定會「反」的），而在於你想不想「反」，怎樣「反」。

圖1　蹇，遇到極大挫折走晦運

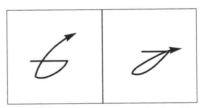

圖2　反（兩種形態），物極必反是自然規律，就像皮球落地必然反彈

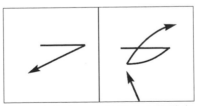

圖3　往蹇來反，培養內心強勁意志，感應外部變化並如實反映，克服挫折走鴻運，飛龍在天

29

打天下要有朋友相幫
往蹇朋來（卦三十九·蹇）

「往蹇朋來」，

意思是在吃苦過程中會贏得朋友，

這無疑是我們事業勝利的好兆頭。

創建「日本軟體庫」的孫真吉慧眼識英雄，

請來大森康彥加盟發展。

二人風雨同舟，創造了不凡的業績。

　　1981年9月，孫真吉創立的「日本軟體庫」開張伊始，月營業額還不到400萬日元，他在這個領域內苦苦掙扎。在這時，獨立經營一家小出版公司的田鎖洋次郎來到他身邊。

　　這樣，孫真吉、田鎖等四人外加兩個臨時工，開始了經營日本軟體庫工作。孫真吉從軟體開發企業那裡購進軟體，專心致力於建立流通圖，田鎖幾個人則推行《軟體銀行》雜誌的發行工作。他們借助電視台進行宣傳，一時聲勢大振，效果極佳，年銷售額達13億日元。

　　日本軟體庫迅猛發展，亟需一個善於協調各方關係的「大管家」，孫真吉求賢若渴。這時原日本警備保障株式會社社長——53歲的大森康彥加入了日本軟體庫。這意味著，一個53歲的資深管理人才，將要屈尊在一個年僅26歲的年輕人手下工作。此事轟動了日本企業界，日本軟體庫也迎來了新的發展。

易 理

　　患難見真情，朋友會幫你走出失敗，走向成功。

易理現代應用法

如何在關鍵時候贏得朋友？

那就必須用對聖賢的態度來對待朋友，這樣，朋友就會感覺受到尊重，就會拿出全部能量來幫你，風雨同舟地打拼江山。

越是患難越能見真情，越是困難越能長本事。

可以這麼說吧，有朋友就會成功，沒有朋友必敗無疑。孟子說得好：「得道多助，失道寡助。」如果你做的是正道，總會有人支持你、贊助你，與你一起積極行動。

本書最前面已講過了「飛龍在天，利見大人」的道理，這位讓你飛起來的「大人」就是你的朋友。劉備與諸葛亮首先是朋友，然後才是上下級，否則就不會達成心意相通的默契。

大森康彥無疑是孫真吉的「諸葛亮」、好朋友，二人合作威力無窮。最開始，當孫真吉創業伊始極其困難時，田鎖次郎幫了他；最後孫真吉又有了老前輩大森的加盟，更是如虎添翼，一日千里。這並不是孫真吉的運氣好，正如本書前面已指出的：運氣是自己創造的。

孫真吉知道自己必須找到志同道合的朋友才會成功，就一直努力地尋找。而世界上又怎麼會沒有能人呢？怎麼會沒有與自己合拍、合意的人呢？所以孫真

往蹇朋來（卦三十九・蹇）

吉一定會找到他需要的人才。

很多人不願主動找朋友，只等朋友上門，甚至杜絕了任何交友可能，這樣的人無疑將很快自閉，輸得一塌糊塗。

孫真吉尋找真朋友的強烈衝動，來自他曾長期一人單幹而致敗的慘痛教訓。可以想像，剛開始他很自大，以為憑一己之力足以打天下，後來吃了大虧，才知道朋友的意義。好在有了這種認識什麼時候都不晚，成功總會青睞頑強的追求者，時間會成全他們。

圖　解

「往蹇朋來」的要義有兩點：

（1）挺住困難，努力尋求外援就會好轉。

（2）朋友會帶來成功。

第二點是本篇重點。朋友是金，照亮自己也照亮別人；朋友是火，能火一大片；朋友是箭，一支則折，無數支合在一起則堅不可摧，並能將任何目標齊力射穿。

圖1　一支箭射不穿，單幹者無成

圖2　兩支箭射彎，合力有戲

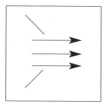

圖3　三支箭射穿，一起加把勁準能贏

同樣地，此理可以表示為：

圖1　朋友是金，
金子照亮自己也
能把普通石頭照
亮

圖2　朋友是火，
能溫暖一大片

月
月

朋

圖3　艱苦歲月走了一月又一月，
走在一起就是朋友

往蹇朋來（卦三十九・蹇）

30

利箭打獵分外準
田獲三狐，得黃矢（卦四十・解）

此處的「三」也是虛指，「黃矢」，

古時傳說的利箭。「田獲三狐，得黃矢」，

指要想在田野中捕獲幾隻狡猾的狐狸，

必須得到利箭「黃矢」。工欲善其事，必先利其器。

英國的西夫勳爵祭出兩大絕招：

管理集中制：靠實力不靠廣告，

將公司的市場份額做大。

【案例】

馬科思一斯潘塞是家喻戶曉的、盈利最豐的英國零售連鎖店，其經營方法獨特，總經理西夫勛爵的絕招有二：

一是管理要集中制。現在各大公司都搞分權制，給各分店和經銷商以更大自主權，以適應變幻莫測的經營環境。但西夫勛爵始終對各分店實行嚴格、有效的直接控制。不論是商品的種類、規格還是商品的質量、價格都由總部統一規定和安排，對各分店經理考核的指標是銷售數量，這樣有利於整個公司的形象和整體利益。

二是不靠廣告宣傳，而是盡可能地尋找最優質的商品，統一定價，任由顧客隨意挑選。樹立良好的品質優良、價格合理的形象。他不直接向供應商購買成品，而是靠幾百名訓練有素的技術人員與製造商合作，對商品設計、原料選擇、生產工序以及質量檢驗等方面進行研究，按公司要求製造，確保商品的卓越品質。

易 理

對付狡猾狐狸的最佳方法就是一箭封喉。

易理現代應用法

如何對付狡猾的狐狸？

有兩種辦法，一是牠狡猾，我也狡猾，大家比狡猾。因為我比牠狡猾，所以牠被我降服。

第二種辦法是任牠狡猾，我不狡猾，用最直接有效的手段擒服牠。

無疑第一種方法看似聰明，其實只是小聰明，很可能反過來被狐狸戲耍一通什麼也得不到。

第二種辦法說起來不狡猾，其實是大狡猾，任何狐狸難逃此招。

市場無疑是條猾之又猾的大狐狸，而且是成群的狡猾狐狸絞在一起，很容易把人搞得眼花撩亂，以為自己看見了海市蜃樓。

市場當然不是海市蜃樓，就算是我們也要想辦法登上。打市場這隻狐狸的手段應因時、因事、因人而異，很多時候必須像西夫勛爵一樣打蛇打三寸，將狡猾的狐狸一箭封喉，而不是繞來繞去。

西夫勛爵面對險惡而風雲變幻的市場，使用了直接的招數，並且非常實用，所以獲得了在旁人看起來非常「意外」的成功。

田獲三狐，得黃矢（卦四十・解）

利箭打獵分外準

圖　解

　　《孫子兵法》有云：「兵者詭道也」，又說「兵不厭詐」，這是指一般情況。對付百倍狡猾、萬般厲害的角色就不能只用「詭道」，要用「正道」，方可用更大力量打擊之。

　　「田獲三狐，得黃矢」說的也是此理：要用利箭把狐狸一箭封喉，不要與牠比狡猾。狐狸用的正是「詭道」與「兵不厭詐」，我們就用「正道」與「不詐」。正像《三國演義》裡劉備說的：曹操行霸道，我就行王道；曹操多詭詐，我以仁義服人。所以曹操死在了劉備前面。

  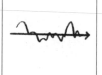

圖1　狐狸行詭道　　　圖2　與狐狸比詭道，多半不能得手　　　圖3　不與狐狸比詭道，用正道一箭封喉制之

31

手上有牌才能合作

三人行，則損一人；一人行，則得其友（卦四十一‧損）

這句話是說生意如果是合夥，往往其中一方必定吃虧；

如果是一方單幹，在壯大過程中卻常會有盟友助力。

這是一個做加法與做減法的微妙問題。

那麼微軟與IBM公司的合作是如何雙贏的？

原因就在於他們的合作清清楚楚，

是「合作下的單幹者」。

【案例】

　　1975年，比爾‧蓋茨創立了一個專門開發微電腦軟體的公司——微軟公司，當時在整個電腦軟體行業獨此一家。在微電腦普及的環境下，微軟公司業績蒸蒸日上。1977年微軟開發了6502版BASIC語言軟體。電腦巨商蘋果公司馬上與微軟簽約，蘋果公司成為了微軟的大客戶。當年微軟營業額達到50萬美元，第二年達到100萬美元。

　　1978年4月，英特爾公司推出8086微處理器，標誌著電腦事業的新紀元。英特爾公司十分迫切地通知微軟公司，讓微軟給英特爾開發8086電腦數據處理器。

　　1980年7月，IBM公司進軍微電腦市場，讓微軟公司替IBM公司開發操作系統，創立一套廣闊的市場架構。1981年8月，IBM正式宣布推出一套個人電腦，IBM‧PC是微軟替IBM公司開發的，讓MS-DOS操作系統與裝有8086微處理器的IBM‧PC結合，這樣，微軟就建立了整個行業架構標準。

　　1982年2月，蘋果公司推出圖形界面操作系統的麥金電腦，並提出與微軟合作，微軟公司替麥金電腦

開發應用軟體，這樣，圖形界面就應用於微軟的Windows操作系統中。

經過多次的與同行合作，微軟終於成為了電腦軟體巨人。

易 理

做事情最好是「單幹」，人越多越好單幹。

易理現代應用法

如何才能「單幹」成功？

此篇重點講述「單幹」的重要性，好像與前面講「往蹇朋來」等篇時相衝突。其實不然，此處講的「單幹」乃是「合作下的單幹」。正如當今世界的國際關係一樣，有的與他國結盟，有的不結盟，其實都是「單幹」，把自己主權交給他國的都是笨蛋，把自己拱手讓出的人也不會成功。

微軟一方面對對手行詭道，如與蘋果公司；一方面也行正道，一向強調加強合作，如與IBM公司與英特爾公司。無論行何道，微軟都秉持「單幹」的 原則，故能修成正果。

如何才能「單幹」成功？一方面要靠他人，一方面要靠自己。這其中有著微妙的三重境界：

第一重：他人與自己各是各。

第二重：他人與自己合一，他人就是自己，資源

三人行，則損一人；一人行，則得其友（卦四十一‧損）

大豐。

第三重：自己與他人分開單幹，他人還是自己，自己卻不再是他人，資源更豐。

《老子》云：「道生一，一生二，二生三」。當產生多個合作夥伴時，必損其中一個。「一」因為是「道」初生，一般很強大，不會受損，可能受損的是性能不穩定的第二與處於末端的第三。

比如，甲方有一創意，找乙方參與，乙方又找丙方贊助，假使有變，甲方多能保本，因為他作為創意者當有備用方案，而乙方因受甲方、丙方同時影響容易協調失敗，丙方則多半是處於被動的局面，容易敗於亂局。

顯然，我們要做「一」，而要避免做「二」或「三」。

圖　解

「三人行，則損一人」是在說大道運行，相生相剋，先生者往往剋後生者，三人行則易損第二人或第三人。

「一人行，則得其友」是說大道運行，相輔相成，後生者往往能得再後者之助。

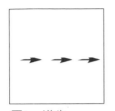

圖1　道生一，一
生二，二生三

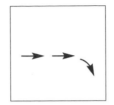

圖2　易損三（末
端）

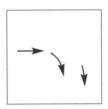

圖3　易損二（中
段）

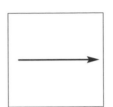

圖4　應做「一」
（始發者）

同樣地，此理可以表示為：

圖1　三人行

圖2　易損三（先
行者）

圖3　易損二
（跟隨者）

圖4　應做一
（後來者）

32

治重病要用猛藥
益之用凶事（卦四十二‧益）

「益之」，指使某事變得好起來；

「凶事」，指用凶狠的手段。

「益之用凶事」，指治重病用猛藥。

東芝公司曾被松下、日立等企業強力打壓，

陷於險局。土光敏夫大刀闊斧，

用同樣「凶狠」的手段整治公司內部，

精兵簡政，終於一舉扳回勝局。

1963年至1965年期間，由於受到市場蕭條的突然
襲擊，東芝公司的業績也隨之陡然下降，特別是戰後
蕭條最嚴重的1965年，東芝上半年稅後利潤為33億日
元，但到下半年則僅為10億日元。公司的股息率也不
斷減少，1964年下半年為10%，1965年上半年為8%，
下半年為6%，與松下、日立的差距越來越大。

這時，東芝公司任用土光敏夫出任總經理，上任
伊始，立即拿公司高層領導的奢靡之風開刀。把董事
們辦公室裡的專用浴室、廁所，配備專用廚師的廚房
等特殊設施全部清除。減少總經理的祕書，取消董事
們的專職祕書，改用公用祕書，把董事們的個人辦公
室全部轉讓給行政事務部門使用。建立人才委員會和
公司內部公開招募制度，使整個東芝系統廣開才路，
各項事業後繼有人。

在經營策略方面引進先進技術的美國通用公司簽
訂技術援助合同，增加家電的出口量。

經過土光敏夫對東芝的改造，經營業績很快好
轉，1966年上半年公司開始恢復紅利。1969年稅後利
潤已達到102億日元。

易 理

治頑症要下重藥。

易理現代應用法

如何戰勝頑症？

用重藥。

藥之重與症之頑成正比，也就是說，病得有多重藥也應有多重。也有的高手用很輕的藥就能治很重的病，舉重若輕。但一般人此招不靈，因為那需要很高的修為，幾乎接近上帝、真主、佛、聖人這樣的境界，凡人不會。

《老子》云：「治大國如烹小鮮」，這是不容易的，還是先老老實實地治病救人，凡間的事就由凡間的手段來解決。如果一對夫妻正在大吵大鬧時，忽有學者向他們大談性心理學，必將引起共憤而徒勞無功。

土光敏夫改革東芝用的手段近似於磯田一郎整頓住友銀行，一個用狠招，一個下苦功，都是重藥。

世界上也許有不服重藥的病，但沒有不服重藥的人。猛藥所致，必有結果，即使不能馬上藥到病除，總比坐以待斃好一萬倍。

圖　解

「益之用凶事」要義即為：

治重病要下重藥，並且藥之重要不小於病之重。

不小於又有兩種情況，一是藥之重等於病之重，二是藥之重要大於病之重，都要依具體情況而言。

土光敏夫整頓東芝公司下的藥之重略大於東芝病之重，起到了較長久的療效。

在這方面麥當勞也做得不錯，世界上每一家麥當勞都裝修得很漂亮，這也是大力整頓的結果。麥當勞在發展初期也是每店感覺不同，有的簡陋不堪，後經整頓，凡是裝修不合格的分店就會被總店馬上撤銷其經營資格，所以能有今日的整齊。

圖1　事業陷入低谷　　圖2　使小力則小抬頭　　圖3　潛益之用凶事，使大力猛衝可使之繼續前進

33

沒有恆心會很快失敗
立心勿恆，凶（卦四十二・益）

「勿恆」即「無恆」。「立心勿恆」，

指沒有恆心，這樣會面臨凶險。

中國著名的天津渤海啤酒廠原想在國內甚至國際上有番作爲，

終因經營不善，

「立心勿恆」，被澳大利亞一家公司輕易買走。

【案例】

　　天津渤海啤酒廠始建於1981年，總體規劃分三期建成，最終形成年產11萬噸啤酒的生產能力。一、二期工程於1986年、1990年相繼完成並投入使用。二期工程設計為年產啤酒5萬噸，但由於經營管理不善。幾經修改目標，實際最高產量只達2.5萬噸左右，渤啤已投產使用的設備766台套，並存有引進南斯拉夫尚未安裝的設備190箱。這些來路可疑的洋貨，不知是水土不服，還是無人使用，已喪失原有的價值。領導們對那年產11萬噸的目標已感遙遙無期，束手無策，更由於虧損嚴重，流動資金枯竭，從1993年10月起工人陸續放假回家。同年12月又因無力繳納電費，電力部門已對其停供動力電。從此，企業生產經營處於停滯狀態，1994年5月申請破產，並於1995年1月賣給澳大利亞富仁達集團。

易　理

　　沒有恆心做不成大事。

易理現代應用法

如何恆心制勝？

太陽是恆星，所以熱力四射；人如果有恆心，也會產生持久動力，反之則動力不足，會很快陷入絕境。人做事情憑的就是一股氣（一個理念），這股氣一散也就快完了。

天津渤啤原來雄心勃勃，有振興民族工業的理念，但因立志不堅，反被外人買走，它放棄了當初的理念，滿足於小利，為世人再次留下一個因不能堅持理念而失敗的案例。

如此可見，有恆心則勝，「立心勿恆」則「凶」。

恆心（意志）是長期培養出來的。在初始時，每個人的恆心大小都差不多，後來經過很多次考驗，過關者恆心越來越強，屢過關、過大關者恆心極強，反之則弱。

恆心制勝的關鍵並不在於初始階段，而在於經受考驗而立恆心。一般來說，做一件事至少要經受三次考驗：

第一次考驗：立志後的第一次具體困難。

第二次考驗：事情上手後心力不接。

第三次考驗：身心狀態俱佳時突被打擊。

解決這三次考驗的具體之道本書的前面均已揭

立心勿恆，凶（卦四十二・益）

曉，可以作為讀者諸君的重要參照。按照《易經》與《老子》所揭示，人道運行必生三象，這三次考驗乃是必然，既然是必然，那麼我們在初始時就應有應時之心與應對之策，而不要事情來臨手足無措、臨時抱佛腳。

世界上最大的佛腳是四川樂山大佛的佛腳，人站在上面就像站在一個巨大的曬壩中。但就是這樣巨大的佛腳也會被它腳下的泯江水不時淹沒，它連自身都難保，又怎能為抱佛腳的人帶來什麼益處呢？

當初收購天津渤啤的澳大利亞富仁達集團如今也風雨飄搖，可見天津渤啤抱的這個佛腳自身難保，當初的依靠實屬昏招。

所以做事情重在立志堅、立心恆，變天先自變，天變我先變，以不變應萬變。恆心所至，無有不勝。

圖　解

「立心勿恆，凶」要義為：

做事惟有恆心制勝，無恆心則必然失敗或放棄。

對無恆心者《易經》此處判曰：「凶」，並非故作驚人之談，乃是事實如此。

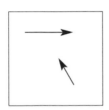

圖1　初始時危機四伏

圖2　立心勿恆，凶，往往人一動搖就會撞在槍口上

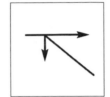

圖3　立心有恆，吉，堅持就是勝利，任憑風吹雨打不動搖

立心勿恆，凶（卦四十二・益）

34

沒有健壯的腳趾當不了獵人

壯於前趾（卦四十三・夬）

「前趾」，指大腳趾，人行走時大腳趾使力很大。

「壯於前趾」，指要重點裝備前鋒。

德國媒體巨頭莫恩善用人才，

他一舉任命3名剛大學畢業的年輕人身居要職領隊，

後來，

這3個人都成為公司獨當一面的領導人。

德國媒體巨頭莫恩接手里特爾斯曼公司後，決定使公司成為歐洲最大的媒體公司。他特別注意人事管理，大膽起用忠誠而又有才能的年輕人。1969年，他任命3位剛剛畢業的學機器製造的大學生擔任一個業務部門領導人的助手。上級的信任和放手大膽使用，加上自己的發奮努力和工作中的磨鍊，如今這三人都是里特爾斯曼公司獨當一面的領導人，是實現這個媒體巨人所確立目標的關鍵人物。他們使公司涉足大眾傳媒的各個領域，不僅包括經營電視台，而且辦報刊雜誌、出版和經銷書籍，開設自己的印刷廠。這些使里特爾斯曼成為了名副其實的媒體王國。

易 理

走路要用腳趾，要想走得快就要腳趾好。

易理現代應用法

怎樣才能使前腳趾更壯？

使前趾更強壯有力的前提是保護好前趾，大多數的人都有足弓，腳底中部是凹進去的，因此人走路其

實動用的就是前腳掌（腳趾與掌內）與後腳掌兩個部位，前後不過二、三十釐米的長度要創造出足夠的速度，實在是奇蹟。

沒有手臂人還能直立行走，沒有腿腳人將從此失去行走的樂趣。因此對一個志在千里的人來說，腳趾是特別特別重要的，而一般人對此相當大意。

保護好了腳趾，我們就可以放心走路了，只有走遠路、走險路、走難路才能鍛鍊我們的腳趾，使它更強壯，走得更好。

莫恩選擇了做媒體，四肢皆備，五臟俱全，如要衝鋒陷陣，是到武裝前趾的時候了。他通過理性考察，毅然選擇了三位新人為前鋒，殺入市場，後來取得了成功。

對於這三位前鋒，莫恩就是神經中樞，直接命令他們走還是不走，快走還是慢走，走東還是走西，當然也決定他們是走還是跳。

對於莫恩來說，這三位前鋒就是前趾。前趾雖然本身並不能走路，但當前趾在大腦的命令下走起來後，可以把大腦（領袖）與全身（整個機構）帶動走向任何一個想去的地方。

壯於前趾（卦四十三・夬）

圖　解

「壯於前趾」的要義可以用一句四川土話來講，那就是：「要想走得快，先要腳板好。」

所謂「腳板好」，就是《易經》此處講的「壯於前趾」。使前腳趾更健康強壯，其正確途徑當然是不怕走路，而且要多走路、走險路。「腳板功」最樸素：任何腳繭都是磨出來的。

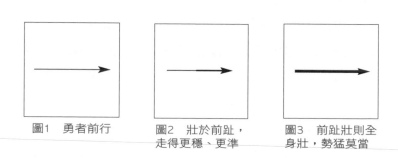

圖1　勇者前行　　　圖2　壯於前趾，　　　圖3　前趾壯則全
　　　　　　　　　　　　　走得更穩、更準　　　　身壯，勢猛莫當

35

善戰者總能適應惡劣環境

暮夜有戎，勿恤（卦四十三‧夬）

「戎」，指打仗；「恤」，害怕。

「暮夜有戎，勿恤」，意思是從黃昏到晚上一直都要打仗，

不要膽怯。在現代商戰中，

是否具有連續作戰的能力是

考驗一個企業能否三級跳的關鍵。

美國著名的A&P公司的成長三部曲，

充滿血雨腥風。

具有百年歷史的美國A&P公司，從創立起緊隨時代的步伐和市場變化，在變中求通，穩中求勝，成為企業經營的典範。

A&P的創始人哈赫特，最先開了一家小小的紅茶鋪，經銷中國和日本的紅茶。他發現：茶從中國、日本進口後，要經過中間商、批發商、零售商等幾道環節後才到達消費者手中，價格比進口多一倍半。哈赫特決定直接進口茶葉供給消費者，這樣，紅茶的價格就降低了一半，生意相當興隆。之後，他按照這個方式擴大了經營範圍並開了幾十家分店。

1912年，兒子約翰向父親提出創辦簡易商店的設想結果，這種簡易商店很受歡迎，到1930年A&P已擁有15737家這種簡易商店。

1936年，A&P公司的簡易商店受到了超級市場的衝擊，陷入瀕臨破產的境地。超市的優點是方便顧客購物，降低了成本，因而價格比較低廉。這使約翰很快看清了形勢，果斷決定引進超市這種全新的經營方式。他迅速把15737家連鎖簡易商店變革成超級市場，從而擺脫困境、重新執美國市場之牛耳。

易　理

幹活不分白天黑夜，創業不管刮風下雨。

易理現代應用法

如何打夜仗？

夜仗即「昏仗」，指在較為混亂時期的較量。無疑，要先學會在白天打仗，然後才談得上在晚上打仗。白天打仗都不會，晚上打仗肯定要輸呀。當然光有白天打仗的本領還不夠，夜仗有夜仗的規律。

夜仗的特色就是「黑」，到處一片昏暗。當然昏暗不一定混亂，並且很少有真正黑得伸手不見五指的情況，因此它還是可以掌控的。打夜仗有兩種方式。

（1）**混水摸魚**。真正要混水摸魚也不容易，首先你要找到水，並且要在水裡找到魚。魚是會游動的，你的手要比魚更會游。「混水摸魚」看起來混亂，其實摸魚一方是毫不混亂的，他自有其步驟與摸魚之道。如美國在二戰時大發亂世財，即屬此例。

（2）**步步為營**。即從白天戰到黃昏，從黃昏殺入夜晚。這種戰法比較大氣、穩妥，適合大多數人。

A&P公司從店鋪經營到簡易商店，再從簡易商店到超市，實現三級跳，每級跳都是在風雨中穿梭，但哈赫特父子絲毫不亂，步步為營，不管是白天，還是黃昏黑夜，總能心中自有光明，所以戰績乃佳。

209

暮夜有戎，勿恤（卦四十三‧夬）

圖　解

「暮夜有戒，勿恤」的要義有兩點：

（1）心中自有光明，不怕打夜仗。

（2）從白天到黃昏再到黑夜，勝利屬於能適應惡劣環境連續作戰者。

圖1　一片黑暗

圖2　心中自有光明

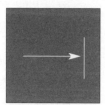

圖3　靠著心中的光明，黑夜中也能命中目標

同樣地，此理可以表示為：

圖1　不捨打擊，從白天殺到黃昏，從黃昏殺到夜晚，終將目標擒獲

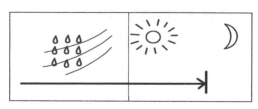

圖2　做事要風雨無阻，日夜兼程才能成功

36

鬥智鬥勇應對打擊

无號，終有凶（卦四十三・夬）

「號」，哭泣。「无號，終有凶」，

這話是說不用哭泣，災難終會降臨。

只有能看到災難不可避免的人，

才能在災難降臨時避免災難。

這是遠見，是定力，更是必勝心使然。

美國環球航空公司飛行員工會主席哈利率領團隊，

破釜沉舟，化解了一場罪惡的併購計畫。

【案例】

　　1984年，美國環球航空公司在一個不稱職的董事長兼總經理的統治下，公司陷入了絕境，致使股票在交易所每股價格僅為8美元。強烈地刺激、誘惑著「併購大王」卡爾和德克薩斯航空公司老闆洛倫佐的食慾。

　　環球公司飛行員工會主席哈利面對這一切欲哭無淚，不得不面對卡爾和洛倫佐這兩個人。卡爾收購環球後，環球很有可能被分割出來，只保留它穿越大西洋的國際航線業務；而如果公司落入洛倫佐之手，飛行員就會倒大楣，起碼工資會減低一半。

　　在這種情況之下，哈利決定和卡爾談判：卡爾未買下環球前，堅持抬價與洛倫佐競爭，不把股票賣給洛倫佐，買下後，必須保持環球公司的完整，飛行員放棄26%的工資。這樣，哈利以他機敏的談判手段，領導全體飛行員在這場搶購混戰中，挽救了公司，使航空公司免遭被肢解的厄運，並使工人利益損失降低到了最小程度。

易 理

只有勇敢地面對災難，才能戰勝災難。

易理現代應用法

如何化凶險為平安？

如前篇所講，戰勝災難應有知災、預災、避災、頂災與救災等一系列的措施，此處所講「化凶險為平安」，主要針對「頂災」這一重大環節。

如果我們已經在知災、預災、避災三環節做得夠好，那麼頂起災來就會相對輕鬆些。

該來的遲早總會來，既然不能避免惡運，那就戰勝它。

從前面我們已經知道「益之用凶事」的易理，那麼，我們戰勝惡運的惟一辦法就是拿出比惡運本身更惡的手段。天地之理如同人際關係，一向欺軟怕硬，我們凶惡起來它就勢必威力減弱，反之則必會被它吞噬。

當然，這其中必須要有巧勁，才可以在微妙的環節擊敗對方。

哈利面對即將被兩條大鱷吞併環球公司的惡運，首先是勇敢面對，然後使出訴勁，在緊要處四兩撥千斤，所以能戰勝災難，化凶險為平安。

這其中有個非常關鍵的問題，即我們如何認識災

難本身。拋開災難的級別不講，不同災難的性能是不同的，一般來說，有兩類災難：

A. 性能穩定的災難，可能擴散，但不會變化。

B. 性能不穩定的災難，不但可能擴散，還會變化，從甲災變為乙災。

對付B類災難，我們須有兩手準備，分別從可以預知的甲災與乙災兩頭掐滅焰火；對付A類災難較為單一，即用前之所講「知」、「預」、「避」、「頂」、「救」五字訣即可。

B類災難是有智能的，因為它自己會變，那麼就必須用全智能方法應對，如「隱形」，讓它不能擊中，任由它變。

A類災難則是沒有智能的，它不會變，只是物理運動，我們使用機械力即可制之。

正因為A類災難（即常見災難）不會變，這就給了我們可以斡旋的空間，可以用一系統性的手段去加以應對。

環球公司面臨的就是A類災難，對方只是想收購它，沒有其他的意圖，所以哈利可以從容應付。其實災難並不可怕，可怕的是我們沒搞清楚就被它摧毀；災難本身並不構成災難，真正造成災難的是我們自己的無知。

圖　解

圖1　A類災難性
能穩定，可以掌
控

圖2　B類災難性
能不穩定，變化
莫測

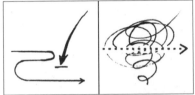

圖3　用「繞道」渡過A類災難，以
巧力禦衝力；用「穩形」渡過B類
災難，以智能對智能

无號，終有凶（卦四十三・夬）

37

巧妙引開災難
有隕自天（卦四十四·姤）

「隕」，隕石。「有隕自天」，

謂天降奇禍。世界上天天都發生意外事件，

聰明而有大力者能將隕石引入海中。

在與英國萊斯銀行的商戰中，

包玉剛舉重若輕，

談笑間挽救了險些被萊斯銀行

突然吞併的香港渣打銀行。

【案例】

　　1986年4月，英國萊斯銀行突然收購香港渣打銀行。收購截止期是7月12日。當時許多分析家都認為只要萊斯再提高收購價，成功機會很大，因為大機構投資者屆時會願意拋售渣打股票，萊斯便可成功收購。而渣打如果拒絕收購，至少有投資者購入一成以上的渣打股權，才可能不被萊斯收購。

　　6月27日，萊斯果然宣布購價提高28%～29%，涉及資金增至13億英磅左右，時間還剩下兩週，萊斯銀行勝利在望。

　　就在這關鍵時刻，包玉剛突然飛往英倫。渣打堅決拒購，總裁麥威廉在機場等候，飛機一到，麥威廉立即與包玉剛在機場連夜密談，達成協議。接著，包玉剛在倫敦宣布，動用3億美元購入標準渣打14.95%股權。11日，渣打銀行披露，包玉剛占該銀行已發行股份的14.95%。這時，萊斯銀行收購最後期限屆滿，一共收得渣打44.4%股權，以5.6%之差未能購足50%股權。正是包玉剛這迅雷一擊，在緊要關頭粉碎了萊斯銀行幾乎到手的勝利希望。渣打終於避免了被吞併的命運，起死回生。包玉剛也達到分散投資的目的，

順利進入銀行董事局。

易 理

把隕石引入沙漠或海中，就不會造成災難。

易理現代應用法

如何在隕石落下來之前就把問題解決？

這個問題正是上篇講的「頂災」的問題，只不過把問題已從地面轉到天空，變平面防守為立體防守，主動出擊，射出地對空導彈，雖不能把隕石擊回原位或徹底粉碎，但至少可以把隕石擊飛，使它偏離原來軌道，從而減輕災難。

如果被吞併，可以想像，將使渣打銀行各股東損失慘重。為了避免這一情況的發生，包玉剛當機立斷，主動出擊，使出「地對空導彈」，將天降「隕石」打飛打偏，從而使它不能命中原有目標。

隕石可能會造成災難卻不等於就是災難，隕石與災難不是同義詞。每天都有隕石向地球飛來，但絕大部分都被大氣層消化掉了。人們一見隕石就以為它遲早要落下來，其實多半不會。災難是可以預除的，其手段為：

A. **做大氣層**。即預設一套可以從整體上防止隕石入侵、穿透的系統。

B. **使用地對空導彈**。如果大氣層不管用，隕石

219

有隕自天（卦四十四・姤）

還是往下掉，那就用地對空導彈把它打飛，脫離要害，使之不能致災。

圖　解

「有隕自天」的要義為：

在偵察到隕石在向我們飛來之前，我們就應該提前預設大氣層保護，如不幸隕石穿過大氣層繼續下墜，就及時發射地對空導彈把它打飛，不可使它落到繁華人煙處。

圖1　有隕自天

圖2　有大氣層的保護，絕大部分隕石不會掉下來

圖3　如果隕石穿過大氣層，就用地對空導彈把它打飛到無人區

38

只有花大力氣才能做成大事
用大牲，吉（卦四十五·萃）

「大牲」，指祭祀用的大牲口。

「用大牲，吉」，指祭祀用大牲口，

會有好的結果。商戰就要下大力氣。

印尼首富林紹良控股的香港第一太平實業公司

從收購康年銀行起，用大價錢換取大發展。

【案例】

　　香港第一太平實業公司是印尼首富林紹良的控股公司，其銀行業是通過收購為基礎，加以合併，改組改進之後，才得以飛速發展壯大的。

　　第一太平實業首先收購的是康年銀行。1985年，康銀的壞賬高達1億港元，年度損達0.97億港元，康銀陷入了困境。1986年7月，康銀宣布與鵬盛公司達成協議，鵬盛向康銀注資2.3億港元。這時，第一太平實業以不超過1.5億港元收購康銀全部已發行股份，每股收購價為150港元。第一太平這次突襲式的收購行動，前後只用了一週的時間，晝夜不停地工作，以迅雷不及掩耳的一擊，搶先從鵬盛手中奪得康銀。接手後，對銀行架構進行整頓，第二年便轉虧為盈0.49億港元，年底總資產值11.79億港元。

易 理

　　花得大血本才能做成大買賣。

易理現代應用法

如何一口吞天？

真想一口吞天是不可能的，但我們可以吞掉一朵雲。南美叢林有種大蟒蛇，非常的有智慧，牠能下大血本去贏取大的勝利。其法為：

①隱蔽。

②從草裡伸出雪白的大尾巴上下左右搖晃，好像一條上岸的魚。

③如果有動物經過一口咬住牠的尾巴，牠就一口把這動物吞掉。

蟒蛇的這種做法往往會把尾巴給對方咬得不成樣，但牠卻可以贏得最後成功。

林紹良收購康年銀行是花了血本的，但這比起日後的利潤就屬小頭了。當時康年銀行與鵬盛公司已達成協議，根本沒有林紹良的戲。但林紹良鍥而不捨，終於將之收購，前後只用了一個星期的時間。

用大牲，吉（卦四十五・萃）

圖　解

「用大牲，吉」的要義為：

如果要取悅於神，就必須用大牲口來祭祀祂。這條《易經》經文非常形象地說明了要想獲得大利益，就必須花大力氣，下大血本。

擺上一小塊肉顯然是請不動大神的，只有用豐厚的肥餌才能讓神垂青。等祂吃肉時，就趕緊把握住機會向祂要回報，事情必成。

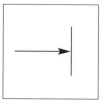 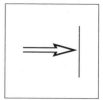 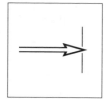

圖1　小打小鬧收穫少　　圖2　加大馬力有奔頭　　圖3　下大力氣成就大事業

39

心中有數的人面帶微笑
若號，一握為笑（卦四十五・萃）

「號」，指號哭。這話是說如果號哭，

不妨一握為笑，意即化悲痛為力量。

充滿憂患意識的中國無錫小天鵝公司屢敗屢戰，

痛定思痛，憑藉「末日管理」理念起死回生。

　　無錫小天鵝股份有限公司以它親身的實踐，長期以來形成了一種新的經營理念——「末日管理」。

　　1989年，小天鵝由於市場觀念落後，生產的產品大量積於庫房中，月資金回籠僅100萬元左右，工廠被逼入了困境，生產難以為繼。在這種情況之下，公司調整了領導班子，確立了「末日經營」的思想。小天鵝認為是消費者養活了他們，是消費者給企業的職工發工資、發獎金，企業的經營工作核心是圍繞消費者轉。於是小天鵝公司主動把優秀的有培養前途的年輕幹部推向市場，企業60%的職工、100%的幹部上過市場。他們在市場上傾聽用戶的心聲，目睹市場的競爭。現在小天鵝成功了，發展了，但他們還照樣充滿了危機感。他們始終感受到：昨天的成功並不意味著今天的成功，企業最好的時候往往是最不好的開始。

易 理

　　能在世界末日前一天還努力工作的人，是不可戰勝的。

易理現代應用法

如何末日制勝？

當然是憑藉內心的定力與樂觀，以及睿智的認識。世上並無末日。

敗則哭，勝則笑，這是人之常情。但堅強的人不這樣，勝利了當然要笑，失敗時又何妨一笑！「若號，一握為笑」一詞，形象地描繪了堅強者互勉互進的動人景象。

「敗」的原因很複雜，有時是敗於天，有時是敗於人；但「勝」的原因極簡單，純屬人為。

有的人屢敗屢弱，有的人屢敗屢戰屢強，就算明天末日就要來臨，依然辛勤工作過好今天，照原定目標奮鬥。這樣的人是不可戰勝的。如古語云：「泰山崩於前而不變色」，其成功源於內心的定力與樂觀。「末日」當然是可怕的，但如果把「末日」當作一個好的新開始，那麼就會在黃昏之後看到一輪明月從夜晚的天空升起。

自然之道陰陽輪迴，世上並無真正的末日。對於堅強者來說世界上只有成功與失敗，沒有所謂末日。

小天鵝公司的「末日管理」還有一圈可貴的意思是，如果末日還沒來臨，那麼就製造一個「末日」。當然並不是說真要製造末日，而是說時時有憂患意識，時時有末日危機，只有這樣才能清楚地定位現

在。孟子曰：「生於憂患，死於安樂」，其理同於《易經》在此處揭示的樸素道理。

小天鵝公司深知昨日的輝煌已經死亡，並且今天的輝煌又將死亡，那麼面臨「末日」，我們將不再有任何包袱，正好大幹。「末日」反而能令人輕鬆上陣，這不能不說是奇妙的宇宙之道。

當我們把自己當成「無」時，將不懼怕一切「有」。而正因為我們「無」，所以能剋「有」，能生「有」。「末日」就是我們的黃金時期。《孫子兵法》云：「哀兵必勝」，道理也是一樣的。

圖　解

「若號，一握為笑」的要義為：

悲觀失望於事無補，樂觀自信者當重新奔向成功。「末日」來臨，我自不驚。我把「末日」當生日。

圖1　「末日」降臨　　　圖2　人在「末日」中長「大」　　　圖3　踏著「末日」的灰燼繼續前行

40

不貪圖享受的人會贏得更大享受
困於酒食（卦四十七·困）

「困」，被圍困。「困於酒食」，

指人反被酒食吃掉了，昏庸而污濁。

貪於酒食享受的人很難有前途，

必會從享受走向困窘。

日本企業家土光敏夫改革公司的殺手鐧，

就是拿公司高層領導的奢靡之風開刀。

1963年至1965年期間，東芝公司由於受到市場蕭條的襲擊，銷售業績陡然下降。東芝上半年的稅後利潤為33億日元，但到下半年則僅為10億日元。公司的股息也不斷減少：1964年下半年為10%，1965年上半年為8%，下半年為6%，並且與老牌的家電業企業松下、日立等相比，東芝與它們的差距開始拉大。

究其原因，看看東芝高層領導的辦公室就知道了：當時東芝公司的董事們的辦公室，設在東京日比谷公園旁的電訊電話大廈8樓。總經理室有專用的浴室、廁所以及配備有專用廚師的廚房，董事們也有專門使用的食堂、豪華的辦公室。總經理有男女專職祕書各兩人。董事們也有專職祕書伺候，過著闊綽、懶散、舒服的生活。

易 理

「飽食終日，無所用心」的人做不成大事。

易理現代應用法

如何才能不貪圖生活享受集中精力做大事？

並無他法，惟有強行控制自己的欲望。

當我們自己感覺控制不了自己時，惟有以毒攻毒，無情踐踏自我，惟有這樣才能把自己從奢侈中拯救出來。

《左傳》云：「肉食者鄙，未能遠謀。」現代醫學又早已證明，吃太飽、喝太足會讓人委靡不振。至於那些整日貪圖享受的人剩下的只有死路一條，因為他們的血管已經被堵滿，身體已經被掏空。

大名鼎鼎的日本東芝公司在上世紀六、七十年代曾有過不良紀錄，當時經濟蕭條，日本局勢風雨飄搖，偏偏這時，東芝公司高層的某些人不思進取，整日困於酒食，飽食終日，無所事事，業績一落千丈。高層的行為影響全公司，整個東芝一時彌漫著一股奢靡腐朽的死亡氣息。

土光敏夫改革東芝的主要手段便是「撤其酒食」，強行命令下屬戒掉貪圖享受、不思進取的惡劣風氣。東芝由此才又慢慢走上正軌。

此事非常值得中國企業與企業家借鑒，很多人在賺了一筆小錢後馬上就去揮霍享受，完全一副暴發戶的沒出息樣。不改掉這一惡習，必無大成就。

中國人一向有著「清心寡慾」、「無為而治」的

優良傳統，如能時時記起《易經》此處關於切勿「困
於酒食」的告誡，事業當有更大改觀。

圖　解

　　《易經》此處告誡人們切勿「困於酒食」，其道
理非常樸素，但非常管用，是我們先民的一大智慧。
　　很多人在老了時才學會吃飯，才知道「寧肯少吃
一口，不要多吃一口」。那麼既然現在我們知道了這
個道理，就應該約束自己不再暴飲暴食，清心寡慾，
養足精神上路。

圖1　酒食是好東西

圖2　吃喝太多必困於酒食

圖3　一簞食，一瓢飲，遠離酒食場，潛心於內心成就

41

成功貴在堅持自我優勢
改邑不改井（卦四十八・井）

「邑」，家鄉。「井」，井水。

「改邑不改井」，是說換了地方但不換飯碗。

萬變不離其宗，乃是在市場經濟大背景下，

以定力取勝的一招常勝棋。

本田公司無論在本土，還是在海外，

都用自己的飯碗吃飯，成功貴在堅持自我優勢。

　　本田公司是製造摩托車發家的，二戰結束後，本田先是把小引擎發動機裝在自行車上，製造出了「蹦蹦車」。1948年，本田公司終於研製出了第一輛摩托車「夢想D型」，標誌著本田成為該行業先驅者。

　　從此，本田公司的業務扶搖直上，為市場提供各種類型的摩托車，其中C-100型和50cc摩托車，成為當時最流行最暢銷的產品。以後，本田公司即進軍汽車領域。

　　在本田艱苦拼搏之際，使它維持生計的是它的摩托車製造業務。儘管摩托車在美國和日本早已成熟而且飽和，但在印尼、中國、泰國的發展卻方興未艾，反而成了本田公司的命運所繫。儘管摩托車的銷售額只有轎車的1/5，但創造的利潤卻比轎車多。

　　所以，本田公司始終沒有丟掉這曾引以為豪的摩托車，並且對摩托車製造更是精益求精。在1996年世紀摩托車大獎賽中，本田車榮獲前所未有的五項製造商冠軍。

易 理

以不變應萬變是應對變化的良策。

易理現代應用法

如何應對變化？

《易經》的「易」，就是變易的易。《易經》全部要講的問題就是如何應對變化，並引導變革。關於變化，《易經》的經典理論可以概括為：

（1）變天先自變。

（2）以變應不變。

（3）以不變應不變。

（4）以不變應萬變。

第一條「變天先自變」，是講要改變世界，先要改變自己。

第二條「以變應不變」，是講當世界停止不變時，我們要率先改變。

第三條「以不變應不變」，是講當世界靜止時，我們也不妨靜觀其變。

第四條「以不變應萬變」，是講我已先變，便可以不再變，從容應對外界的各種變化。

《易經》成功學的主旨即「通過變革走向成功」，也即「變革制勝」。在每次變革制勝過程中，都會用到《易經》變革理論的這四點，我們以本田為案

例便可知道。

二戰後，本田公司從製造「蹦蹦車」到摩托車，率先進入摩托車時代，用的是「變天先自變」。

本田公司搞了民用摩托車又搞汽車，又搞賽車，比起只做一樣的同行無疑更有活力，它變來變去的，各領風騷，其實搞的都是一套，用的是「以變應不變」。

後來其他名牌的摩托車廠家紛紛崛起，又紛紛受到世界工業衰退的影響不景氣，沒什麼新作為。當此之時，本田公司也放慢步伐，靜觀其變，用的是「以不變應不變」。

最後本田公司決定在日本、美國堅守既有市場，同時大力發展中國、泰國等海外市場，任憑同行如何競爭，依然穩吃一份，用的顯然是其絕殺「以不變應萬變」。

「不變」乃是最大的變革，所謂「變革制勝」即是指堅持自己的理念與優勢制勝。

中國原以民族文化領先世界，後經中斷，現在又以民族文化躋身世界文化大國之列，也即此理。

圖　解

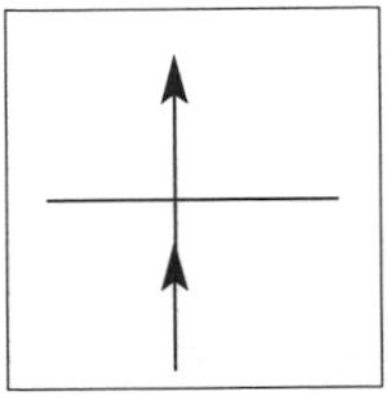

圖1　變天先自變，自內而外引發變革

圖2　以變應不變，率先打破僵局主動出擊

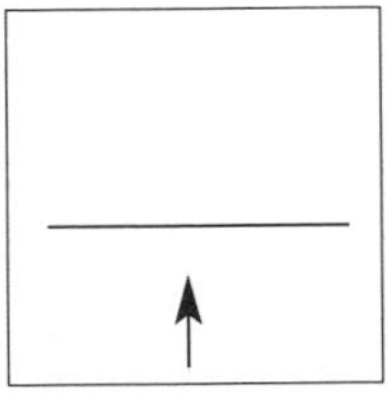

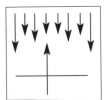

圖3　以不變應不變，暫緩行動，靜觀其變

圖4　以不變應萬變，任他千變萬化，我自初衷不改

42

要自己主動走出狹小天地

井谷射鮒（卦四十八・井）

「井谷」，指水面狹小形成山谷；

「鮒」，一種大魚。「射鮒」指鮒魚飛射跳離。

這話是說水域小不容大魚，

只有海闊才能憑魚躍。

東南亞地區最大的商業銀行泰國曼谷銀行的成功，

憑藉的便是陳弼臣推行的銀行現代化經營，

在泰國、東南亞乃至中國大陸不斷拓展空間。

【案例】

曼谷銀行是1944年2月作為泰國第六家當地銀行開張的，曼谷銀行的騰飛依賴於總經理陳弼臣推行現代化經營管理和業務的多樣化。

1955年，曼谷銀行率先實行定期儲蓄存款，最早向農民提供信貸，開設路邊銀行和女子銀行。1966年，開始提供貸款扶植中小企業。又率先引進計算機，實現銀行業務的科學化。

陳弼臣還熱中於開拓海外市場，1954年在香港設分行，以後分別在東京、新加坡、倫敦、吉隆坡、大阪依次開設分行，不斷擴大海外分行網路。積極給製造業貸款，這給曼谷銀行的發展也起了很大的作用，從而成為了東南亞地區最大的商業銀行。

易 理

坐井觀天只能等死，只有飛射出去的魚兒才會有機會到海裡。

易理現代應用法

如何走出小天地？

走出小天地是困難的，魚在井中游一輩子也游不出水井。《易經》此處用了一個非常生動準確的動詞：「射」。「射」就是直接從原來環境跳脫而出，這需要源於內心的強大動力作為推動。

本書開篇就已講了《莊子‧逍遙遊》裡揭示鯤化為鵬四大境界：待風、乘風、培風、棄風，這與《易經》此處講的「井谷射鮒」可以相通。一個「射字」將鮒躍起時乾脆有力的姿態非常形象地道了出來。

如同鯤化為鵬要經歷四大境界一樣，鮒魚要出井也要經歷四大境界：

（1）**看**。指上看天，下看井，看是不是占天時地利。

（2）**想**。指仔細琢磨是不是到時候了。

（3）**對**。指時候一到馬上就聚集全身力氣射上去，迅速跳離出井。

（4）**舞**。光是盲目地射只會早死，如果射出井摔在井邊無疑很快就會死，所以射出井後要在井上舞動一下，好觀察落腳點，尋找水源。

曼谷銀行是亞洲重要的大銀行之一，但原來也只是在泰國發展，並且還不是泰國老大，放在世界銀行之林中說是隻井底之蛙、井中之鮒也不為過。陳弼臣仕該行總經理後大力推行現代經營理念，走出泰國小天地，立足本土，開拓東京、新加坡、倫敦等市場，終於取得較大成功。

當一條魚只是在井底游來游去時就只能是條一般的魚，但當牠飛射而起時就是條飛魚了。飛魚出井即飛龍在天，前程萬里。

圖　解

「井谷射鮒」要義為：

魚不可滿足於狹小的水井，人不可滿足於狹小的天地，要相對而動，飛射而出，用看、想、射、舞四大境界進入新的空間。

圖1　魚在井中游

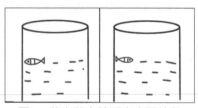

圖2　游來游去就那麼大點地盤

圖3　魚兒飛射出井，獲得解放

其四大境界即可圖解為：

圖1　看，明白處
境

圖2　想，自由之
心不可戰勝

圖3　射，一飛沖
天

圖4　舞，尋找理
想落腳點

井谷射鮒（卦四十八・井）

43

對手的問題就是我的福音
我仇有疾（卦五十・鼎）

「我仇有疾」，指對手問題纏身。

能發現對手的問題並充分利用這個問題進取的人，

便容易成功。

當年美國福特汽車公司收編日本馬自達，

便是看準了該公司無法擺脫歐美同行衝擊的弱點。

其實馬自達也很強大，問題在於它生不逢時。

在日本11家汽車公司的排行榜上，馬自達居第5位，最輝煌的時候是1990年，產量高達142.2萬輛。

泡沫經濟破滅之後，馬自達隨之步入衰退期，1993 ～ 1994年度連續出現經常赤字，1995年產量下降到77萬輛，1996年由於採取了出售股份，削減新車開發經費等一系列措施，勉強可以擺脫赤字。但是，無論是國內需求還是出口方面，大都為豐田、日美兩大公司占有。馬自達面臨的情況極為嚴峻。

與此同時，以1995年日美汽車貿易談判為契機，美國汽車以近40%的增長速度闖進日本，面對這種形勢，處於困境中的馬自達也不得不選擇自己的出路。馬自達早在1979年就與福特有資本關係，其在美國的子公司於1992年轉變為與福特之間的合資公司，1993年雙方簽訂了全國戰略合作協定；1994年，馬自達接受了福特派來的3位高級職員擔任總公司的負責人。1996年4月，美國福特公司投入4.81億美元，全部買下馬自達公司新增發的股票，從而使福特持有了馬自達股份33.4%，取得對馬自達的經營權。

易理

要從對方的弱處進攻。

易理現代應用法

怎樣才算最完美的進攻？

當然是攻其弱處。

世界上沒有絕對的弱者，如果動不動就來硬的，往往會把弱者逼強，弄得不好鬧個魚死網破，甚至讓對方反敗為勝。

智者在鬥爭時當然要避免這種情況，智者之所以是智者就在於他不蠻幹。

俗話說，「殺人一千，自損八百」，硬碰硬常會給雙方都帶來極大的傷害。

商戰是為了求財，是為了求財而進攻，絕不是為了進攻而進攻。

世界汽車界的大腕福特公司當然深知此道，無論是美國本土，還是在海外，它總是不用自己的強大壓人，而是多用誘招，在恰當的時候用準確的方法進攻對手的弱處，每次都能奏奇效。

日本馬自達公司其實已經知道福特公司要進攻它了，該公司用日本人的拼搏精神努力奮起自保，時刻準備迎戰與還擊。但令它萬萬沒有想到的是福特公司竟然在緊要關頭停止了進攻。其實，不是真正停止進

我仇有疾（卦五十‧鼎）

攻,而是放慢了進攻的步伐。福特公司以一記太極瓦解了對手的防守,再趁其弱處下手,獲得成功。

　　當兩方相爭時,其勝負取決於以下模式:

　　A. 強方硬攻強方,勝負難卜。

　　B. 強方硬攻弱方,可能勝利,也可能把弱方逼強,鬧個同歸於盡或弱方反敗為勝。

　　C. 強方攻弱方弱處,必勝。

　　D. 弱方攻強方弱處,可能勝利。

　　E. 弱方強攻強方,必敗。

圖　解

　　「我仇有疾」要義為:

　　趁「我仇」(對手)問題纏身,攻其弱處,可以大獲全勝。

　　在進攻之前,必須認清「我仇」之「疾」是否真的是疾,是否影響其作戰能力,應從多方面搞清楚,方可進行打擊。

圖1　強行進攻往往沒有效果,無功而返

圖2　靜觀其變,暫停進攻,果然對方露出缺陷

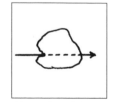

圖3　進攻對方弱處,一箭穿喉

44

亂世造就英雄

震驚百里，不喪匕鬯（卦五十一‧震）

「匕鬯」，指武器。「震驚百里，不喪匕鬯」，

這話是說形勢越嚴峻，

越要握緊手中武器，

中國太平洋集團公司在國企不景氣的大背景下，

迅速改組，發揮專長，

實現了戰略制勝。

1989年，黃關從出任上海第二紡織機械廠廠長，並於1992年對二紡機械廠進行股份制改造，總計集資6億多元。1995年黃關從辭去二紡機械股份有限公司總經理的職務，主動出任中國紡織機械廠廠長，並於1993年再次將中紡機械股票上市，將中紡機械的經濟效益從虧損狀況轉為盈利幾千萬。

於是，1994年8月，二紡機械、中紡機械兩大股份公司合併，成立太平洋機電集團，註冊資本12.37億元。

其後太平洋集團圍繞產權流動和資源重組進行「太平洋資本運營模式」，首先將上海地區33家行業的國有產權整體綜合到集團公司。其次，是制定集團的總體發展戰略。最後，優選有效資源、融合新體制企業、吸納海外資產和資金，其重大步驟是與浦東航運集團股份公司全面融合。

這是一次國有資本與民營資本產權重組的重大步驟，它既有資源重組意義，又有體制改革實際效果。

幾年下來，太平洋集團規模迅速擴大，資產迅速膨脹，用12.37億總資本控制55億元總資產。

易 理

形勢越嚴峻越要相信自己。

易理現代應用法

如何將手中武器的威力發揮到極限？

這需要進行四個必要的步驟：

首先，辨器，讓武器成為武器。確認手中是真正的武器，而不是貌似武器的木劍、泥丸。

其次，投器，要把武器投放到相應的地方。古語云：「馬戰用矛，步戰用劍。」再好的劍也是短兵器，在馬戰時都不如一般的長矛。應各取所長。

再次，開器，要亮出空間確保武器前進。再好的箭穿不透層層樹林，但在空處卻可以射中遠處目標。

最後，人器合一，這是最關鍵的一點。當情況嚴峻時，不要扔掉手中的武器。本書前面講過的「棄如」與「肥遁」，都是講「有效放棄」，而不是諸如臨陣棄槍這一類「無效放棄」。

越是緊要關頭，越不能放棄戰鬥。

如果做到了以上四點，就可以把武器發揮到極限，殺傷力無比。

太平洋集團公司的改組與合併充滿艱辛，在國企不景氣的大背景下，它能始終握緊手中武器開赴戰場，可見確實是真正的戰士。

震驚百里，不喪匕鬯（卦五十一‧震）

圖　解

「震驚百里，不喪匕鬯」的要義為：

形勢越是嚴峻，越要握緊手中武器，並通過「辨器」、「投器」、「開器」、「人自合一」四大步驟制敵。

其使用武器的四大步驟圖示為：

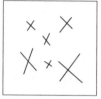 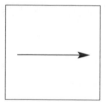 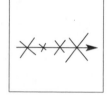

圖1　震驚百里，到處充滿殺機　　圖2　不喪匕鬯，握緊手中武器前行　　圖3　匕鬯穿百里，手中武器一路戰勝困難

圖1　辨器，確認這是真的武器　　圖2　投器，把武器投到該去的地方

亂世造就英雄

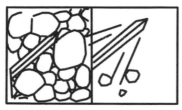 

圖3　開器，不要把武器卡住了　　圖4　人器合一，
人與武器融為一
體

震驚百里，不喪匕鬯（卦五十一・震）

45

世界從此無界

行其庭不見其人（卦五十二·艮）

這是一種高妙的狀態，

意思是說如入無人之境。

《易經》這話與《老子》上講的「無有入於無間」相通，

又與《莊子》講的「遊刃有餘」相通，

都是講將生存空間發揮到極限，

自由來往。

可口可樂在全世界通吃，在於它的沒有界限。

可口可樂問世,已有100多年的歷史。20世紀20年代,該公司總裁伍德拉夫把可口可樂推向了世界。二戰爆發後,精明的伍德拉夫看準時機,為美國軍隊官兵提供廉價的可口可樂,並使其成為軍需品,除美國士兵們喝掉100多億瓶以外,可口可樂的廣告隨軍做到歐洲的許多國家。

二戰結束後,可口可樂的年銷量達50多億瓶。從此,公司成了世界知名大企業。

在戈蘇塔時代,對伍德拉夫留下的祕訣進行大膽的改進和創新。1981年,開發出以「節食可口可樂」為代表的多種新產品,並在產品包裝上做了很大的改變,使傳統的玻璃瓶裝占總量的0.1%,節約了成本。而且對100年歷史的老牌配方進行改進,形成了更科學、更合理的新配方,在市場上同時推出新、老配方的可口可樂。而且還推出各種與其他公司味道相似的可口可樂,使其他公司壓力倍增。

可口可樂公司在飲料行業裡擁有最發達的銷售系統,基本上控制或壟斷了這些業務。

易　理

大盜行事總是如入無人之境。

易理現代應用法

如何才能「成事不覺」，如入無人之境？

真正想如入無人之境是不可能的，但我們可以使人不能擋我。

怎樣才能使人不能擋我？

（1）**不敢擋我。我有大力。**

（2）**不想擋我。我能給他大利。**

可口可樂風靡全球，真正如入無人之境，恰如「行其庭不見其人」，在世界每一國暢通無阻。

二戰結束後，可口可樂的基本味道已確定，從此不再有大的變化。可口可樂公司將發展的重點從內轉到外，大力發展國際空間，通過巨大利潤誘使各國大量進口，或在美國總公司授權下生產該飲料，用錢開道，一時推磨之鬼不絕於途。

圖　解

「行其庭不見其人」，並不是說真的沒人，而是說庭中之人不能擋我，我在任何地方都像在家中一樣自由自在，無拘無束。

這無疑是一種很大的本事，或以力量威懾，或以

利益相誘，從而使阻力減弱或消失，得以從容進攻。

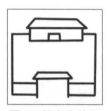

圖1　某處庭院景色誘人，待我遊玩一番

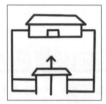

圖2　行其庭不見其人，如入無人之境

圖3　並非真的無人，而是眾人不能阻我

這種讓人「消失」的祕密可圖示為：

圖1　人來阻我

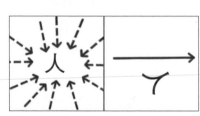

圖2　我乃痛擊之，人避我鋒芒，趕緊「消失」

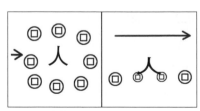

圖3　給他利益，人既得利，自然開溜，「消失」了

46

一切資源盡為我用

鴻漸於陸，其羽可以為儀（卦五十三・漸）

「鴻」，鴻雁；「漸」，慢慢停落；

「陸」，陸地；「羽」，羽毛；「儀」，禮儀用品。

這話是說大雁飛到地上，牠的羽毛可以拿來祭祀時用。

此語喻一切物品都能派上用場，並且非常適合。

善用人者能將眾英才各就其位。

郭仁納執掌IBM大權時，

命令公司的12位產品經理馬上撰寫工作報告，

以備資源及權力重組。

1993年，郭仁納執掌IBM大權，IBM公司上一年虧損高達70億美元，而到1994年，IBM卻盈利達30億美元，1995年的盈利高達62億美元，成為全球盈利最高的企業之一，原因何在？

上任伊始，郭仁納即責令公司的12位產品經理各寫一份工作報告，並準備討論，以便在第二天的會上，陳述銷售計畫細節，並且讓他們思考顧客到底需要什麼。

幾週後，郭仁納即把IBM最大的100家客戶的首席信息主管請到一家度假村，一一徵詢他們對IBM的看法。

郭仁納要求經理們關注公司的利潤，而不僅僅是產品形象，在全公司推行收入和業績掛鉤的政策，禁止部門經理將不好的生意踢給別的部門，要求經理們用自己的錢購買IBM股票，郭仁納帶頭購進了318萬美元的股票。將經理們的命運拼在IBM身上。以上措施，使得IBM的產品都圍繞顧客服務，都和IBM的利潤和前途有著直接的關係。

易 理

一切皆可派上用場。

易理現代應用法

如何充分使用現有人手與資源？

首先確認這些人手與資源是不是自己的，如果不是，再多也等於沒有；但如果是，少一點也能派上大用場。

對於管理者來說，世上有兩種將才，一種是將兵之才，能帶兵；另一種是將將之才，不但能帶兵，還能自我管理與管理其他的將。

這兩種將才都是有用的。只要能打仗的就是好兵或將才。

世上人才萬千，各有所長，各有所短，按其作用大小可以將人才分為上才、中才與下才。

上才者，可以獨當一面，可以自己生財。

中才者，不可以獨當一面，但可以自己生財。

下才者，不可以獨當一面，也不能自己生財，但可以配合上才與中才做事。

這三種人才都是寶貴的。

郭仁納無疑有辨才的水準，在他初掌IBM大印伊始，一查賬嚇了一大跳，公司上一年虧損70億美元。再一查，公司12部門的經理又並非庸才，那這是為

鴻漸於陸，其羽可以為儀（卦五十三・漸）

何？郭仁納愛才甚於一切，馬上令12名經理打報告上來，又派人調查研究，始知是上任老闆用人不當。

　　郭仁納馬上針對市場制定發展計畫，分別把12名經理派到該派的地方去，致使IBM興旺起來，次年（1994年）盈利30億美元，再下一年（1995年）盈利62億美元，成就眩人。

圖　解

　　「鴻漸於陸，其羽可以為儀」要義為：

一切皆有妙用。

善用人者能使之樂為棋子。

圖1　一塊天然玉石

圖2　打磨成棋子

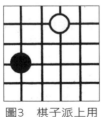

圖3　棋子派上用場

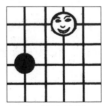

圖4　就讓他甘願為棋子吧

47

多種多收，不種就只會顆粒無收

田獲三品（卦五十七‧巽）

「三品」，指穀、麥、黍。

我們在田野裡不只收割一種莊稼，

同樣地，多元化經營在企業盛時可以廣進財源，

在企業衰時可以東方不亮西方亮。

美國西屋公司業務涉及廣播系統、

電子系統、環保系統等7大領域，

實屬大手筆。

【案例】

美國西屋公司成立於1886年，以首次採用交流輸電技術而著名於世。在西屋100多年的發展中，通過幾次成功的兼併使公司的實力得到不斷擴大。在上世紀初20年代和60年代的美國三次大合併高潮中，西屋公司兼併了一批公司。

西屋電氣公司主要由七大系統組成：廣播系統、電子系統、環境保護系統、金融服務系統、工業系統、辦公用品系統以及電力系統。

二戰後，由於西屋公司壟斷了核電站反應爐建造的專利權，生意十分興隆，利潤陡增，在美國最大的工業公司中一直居於第15位左右。西屋公司所有這些領先地位，主要來源於對研究與開發的高度重視。

易 理

多種多收。

易理現代應用法

如何進行多元化經營？

做事情首先要單一，只要集中精力做好一件就可

以了。

　　人的精力有限，不可能同時做好幾件事情。所以應該把精神狀態調到簡單而專一的境地，做起事情來才會有效，如有神助。

　　《莊子》云：「水靜猶明，何況精神。」即是說要精神專一、純明，以靜制動。

　　學會了「只做一件事情」後，我們才可能進行多元化經營，同時做幾件事情。

　　這其中的方法為：1+1+1+1+……+1=1。即用做一件事的專一態度做幾件事，這樣對每一件事都是單一的，惟一的。

　　真正會做加法的人能把結果控制為0或1。

　　只有這樣，才不會被日漸繁雜的日常事務與工作事務淹沒。無限大永遠小於有限大，只有求有限的人才能享有無限。

　　西屋公司同時進行七大系統的多元化經營，但它絲毫不亂，其手段就是把多元中的每一元都讓它各自經營，以高度自由達成高度集中。如果每元兼顧，必將每元盡失。

　　當然，為了防止每一元的各自為政，就必須在緊要處掌握它，如腦控手，如心控血。這樣就可以收發自如，達到高度智能。

田獲三品（卦五十七・巽）

圖　解

　　「田獲三品」的要義為：要想多元收穫就要多元經營，多元經營的方法為各個單一，智能掌控。

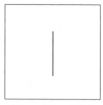

圖1　單一經營

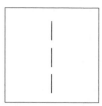

圖2　多元經營

圖3　多元經營也是「一」

　　其具體掌控的方法為：

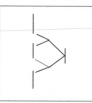

圖1　方法A
在每個「一」的間隔處進行聯結、掌控

圖2　方法B
直接在每個「一」的實體部分聯結、掌控

圖3　方法C
同時在每個「一」的實體部分及間隔處進行聯結、掌控

48

要學會自己做終結者
无初有終（卦五十七・巽）

「无初」，指自然進入啓動狀態，

一切該開始時就開始；

「有終」，則指該結束時就結束，

毫不含糊。當倫敦金融市場陷入混亂時，

比爾公司在格林伯格的指揮下沒去蹚「渾水」，

見好就收，避免了一場大的震盪。

【案例】

華爾街股市的冷面殺手——格林伯格在股票交易中不摻雜半點感情，有的做法甚至絕情，格林伯格絕不允許公司內出現感情的糾葛。一次公司裡兩個盈利最多的零售經紀人因個人恩怨發生齟齬，格林伯格毫不客氣地說：「我不能讓這部搖錢機器失調，要麼自己把事情解決了，要麼都離開公司。」

幾年前格林伯格的助手很興奮地告訴他：「我已向你的妹妹黛安娜求婚。」格林伯格的答覆出乎他的意料之外：「恭喜你，你被解僱了。」絲沒有任何回旋的餘地。

不感情用事使格林伯格始終保持清楚的頭腦。當金融市場陷入混亂時，華爾街的許多公司都認為機不可失，理應大幹一場。結果煙消雲散之後，大多數公司都驚醒地發現，他們蒙受了巨大的損失。只有比爾公司在格林伯格的指揮下，沒有去蹚「渾水」，安然無恙。

易 理

止於至善。

易理現代應用法

如何做到適可而止？

止於至善。如果還沒有做到「至善」，最好不要停下來。對於一件緊要的事情來說，因為經過了長期的醞釀、準備，又經過艱苦的拼搏，如果自動棄權，將使自身陷入空虛，並將飽受意外打擊。

所以要堅持。並且要清醒。

有的事情很奇妙，在我們還沒有意識到的時候已經開始了，當已意識到，我們已經在路上。

這就是「无初」，其實並不是沒有開始，而是說開始時某些事情很奇妙，讓人覺察不到已經開始。

比如，人都不知道自己是從哪天開始叫「人」的，嬰兒的智力還不足以反觀自己的出生，因為那時正被餓與痛折磨。但當我們日漸長大，就可以反觀並反思自己的存在了，並能相當地預言自身的終了，這就是「有終」。

有始有終者完美無缺，與大道同一，與造化同行（這一易理請參照前面的「君子有終」一篇）。

無始有終者不完美，但能走向成功。

無始無終者等於零，等於沒來過。

所謂適可而止，即是對有始有終與無始有終而言，指按自己的走勢取得應有的成功，止於至善，不可沒完沒了。

格林伯格無疑在適可而止方面取得極大成功，其心得為：做事情越機械越好，當「規律」告訴他該做什麼事時他會去做，告訴他該停時他就停，絕不受外界牽引。我自行我道，故能成善道。

　　以絕對理性換取絕對成功。

　　「无初有終」要義為：

　　不要在乎開始，要在乎現在並如期完成使命。

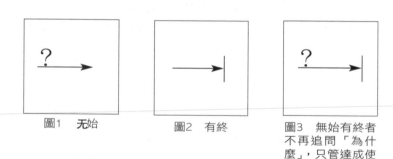

圖1　无始　　　　　圖2　有終　　　　　圖3　無始有終者
　　　　　　　　　　　　　　　　　　　　不再追問「為什
　　　　　　　　　　　　　　　　　　　　麼」，只管達成使
　　　　　　　　　　　　　　　　　　　　命

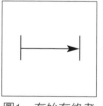
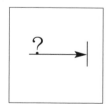

圖1　有始有終者　　圖2　無始有終者　　圖3　無始無終者
能完全控制自　　不完美，但能控　　沒有目標，不能
己，完美無缺　　制自己，並走向　　控制自己，這樣
　　　　　　　　成功　　　　　　　　不會成功

49

胸懷有多大成就就有多大
不出門庭，凶（卦六十·節）

閒門政策乃是任何企業發展的大忌，

不開放的事業是做不大的事業，

必死；反之則必勝。

麥當勞之所以全球暢銷，

即在於它的開放與不妄自菲薄，

敢在像中國、法國這樣的

「美食大國」推銷自己的快餐文化。

20世紀70年代早期，麥當勞公司的發展已具備規模，但快餐業在國內已達飽和，難以再擴大發展，而且又面對老對手肯德基的激烈競爭。所以，麥當勞公司想衝出本國取得更大的發展，向海外發展可能會有無限的市場。

麥當勞首先向加勒比海和加拿大賣出了連鎖權，接著向各大「美食國」進軍。

經過辛苦努力，麥當勞逐步被法國人所了解和認同，生意越來越紅火，極大地推動了法國連鎖店的發展。1971年，日本東京一家麥當勞開業，第一天創下6000美元的營業額。以後短短的18個月，19座金黃色的拱型「M」出現在日本城市裡。

從上世紀70年代起，麥當勞公司在世界上眾多國家紛紛登陸，所到之處無不引起客戶青睞。

易 理

關門理財，開門做生意。

易理現代應用法

如何把事業做到全世界？

一是要本身就是一流的。

凡是一流的東西都是世界性的，如文化中的中國道家學說，科學中的相對論，現代社會中的民主觀念，文學中的詩歌等等。

凡是一流的都是世界性的，它因為身上天然帶有一種普世性，所以必將成為一種世界財富與精神的象徵。

還有一種情況，某類東西它本身不是世界一流的，但是它能滿足人的嗜好，所以也能風靡世界，這主要體現在經濟方面，如麥當勞。

理論上講，世界上一流的東西根本不用做廣告，自然會被世人頂禮膜拜，珍藏珍用。但對於第二類來講就必須採取積極主動的態度走出去。

換言之，我們必須用開闊的心胸應對世界，推銷自己，認準了自己有世界價格，所以一定要世界流行。《禮記》云：「夫大道之行也，天下為公。」所謂「天下為公」，就是為天下人公有，這是一種耶穌般的博愛境界。

「不出門庭，凶」要義為：

一定要走出家門闖世界，否則就是坐以待斃。

此義和老子名言「不出戶，知千里」看起來相反，其實是一致的：

我們先在「家中」（廣義）修身養性，坐觀風雲，博覽群書，待人接物，體察世道，「不出戶，知千里」。然後，時候一到馬上出山做事，不可讓對手占了先機。在風起雲湧的時代，積極應對無疑是正確的，「不出門庭，凶」。《易經》的變易精神正是讓人們改變自身以順天道，動起來。

圖1　不出戶，知千里，修身養性以待風雲

圖2　風起雲湧，時代變幻萬千

圖3　走出家門，不出門庭必為風雲吞噬

50

做事千萬不可眾叛親離
鳴鶴在陰，其子和之（卦六十一‧中孚）

「陰」，指雲陰，雲中；

「和」，唱和。「鳴鶴在陰，其子和之」，

是說仙鶴在雲中飛舞，

牠的一家子都在與牠唱和。

無論什麼時候，獲得親友支持都是至關重要的。

卡內基之所以能創建起鋼鐵王國，

即在於有弟弟湯姆與助手瓊斯等人的大聲唱和。

　　卡內基在確定自己致力於鋼鐵業發展以後，首先得到了兩位製造鋼鐵的奇才，一位是霍利，不僅具有天才的頭腦，而且有高超的製造鋼鐵的技術。簡化甲西默方法，並使之快速化的就是霍利。

　　另一位是瓊斯，不僅有高超的製造鋼鐵技術，而且有管理才能。

　　在他們的輔佐下，卡內基投資100萬美元建立了鋼鐵廠，1875年，卡內基簽下了第一筆合同，年收入就是100餘萬美元，收回成本還有盈餘。

　　卡內基後又得到「匹茲堡焦炭大王」佛里克的支持。在佛里克任卡內基兄弟公司的董事長第二年，通過各種途徑，公司純利達350萬美元，第三年達535萬美元，又通過詆毀產品等手段將狄克仙公司以100萬美元的低價收買，在合併第二年收益就達500萬美元。

　　另一個得力助手是澤瓦布，上班僅6個月，就展現了他的才華，18歲就擔當了副廠長職務。

　　由於有了以卡內基弟弟湯姆為首的這些五虎上將，卡內基取得了成功。

易 理

人氣旺者得天下。

易理現代應用法

如何才能納到賢才？

只有先做賢主，才能納到賢才。

只有劉玄德才會擁有諸葛亮與五虎上將，這是一個簡單的道理。如果你還不是賢主，還沒有修齊治平的功夫，最好不要著急納賢，否則要被賢人所笑，說不定你還會被別人納去了。

如果你是賢主，就可以憑自己的名氣、人氣與實力納到賢才。這時需要注意的是：

賢主不要與賢才爭賢。

賢主之賢是管理方面的才能，是能下整盤棋的棋手與棋道創新者。

賢才之賢是做具體事務方面的才能，是棋子。

我們常見賢主妒才與賢才功高蓋主，這兩種現象都是不好的，一定要各自歸位。

卡內基一開始並不是美國的鋼鐵大王，卡氏剛入道的時候美國的鋼鐵大王是別人。但卡內基夠聰明，夠狠，並且夠虛心交友，才會得到眾多高級別人士的鼎力相助。

人氣旺者得天下。

鳴鶴在陰，其子和之（卦六十一・中孚）

所謂「人氣」是人自己吐出來的氣，不是別人製造的。

　　「鳴鶴在陰，其子和之」要義為：

　　眾志成城，人多氣旺乃成大業。

　　不同的人氣指向不同，有「王氣」，有「霸氣」，其區別與關係為：

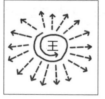

圖1　王氣，內斂而外放

圖2　霸氣，急速運轉，呈車輪推進

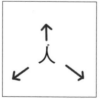

圖3　人氣，人氣沒有邊界，三維開放

圖4　三氣關係，人氣可指向王氣，也可指向霸氣，但重要的是回歸自我

51

未雨綢繆是良策
密雲不雨（卦六十二·小過）

濃黑的「密雲」出現，一般都會下雨。為什麼會「密雲不雨」呢？

這並不是說不下雨，而是說還沒下雨。

「還沒下」並不是說不下，而是說馬上就下，

並且下的可能是大雨！

當美歐汽車商都盯著富人口袋開發高檔車時，

汽車大王福特看到了「密雲」

（中產階級及工薪層）的出現必會帶來福音，

於是生產了大眾車。

福特汽車公司自1903年創立後，取得初步的成功，他深知薄利多銷，才會獲得成功。當時的美國乃至歐洲的汽車製造商的眼光都還緊緊盯著富人的錢袋，紛紛以高檔車作為公司發展的方向，而高檔車的價位在1500美元 ～ 2500美元之間，一般人是望塵莫及的。

而當時卻有一個極大的潛在市場，就是中等收入階層。當時工人的工資每日平均2美元。 1 年下來平均每人就是720美元，而介於富人與工人之間的中等收入階層的年收入達900美元 ～ 2500美元。

福特敏感地意識到汽車工業未來市場的發展方向，做出了與其他汽車製造商截然不同的決策，那就是生產大批量的大眾車。

1907年7月，福特宣布：「本公司將致力於生產的標準化，生產規格統一，價格低廉，質量優良，能為廣大公眾接受的產品。讓我們的產品在中等收入階層贏得市場。」

1908年，福特公司的第一輛容納許多當時在美國汽車業屬於獨創的技術的T型車誕生，而且價格不超

過850美元，結果一萬多輛車被搶購一空。

易 理

別不把天氣當回事。

易理現代應用法

如何做到未雨綢繆？

現代社會風雲變幻，前一刻你可能還占天時地利，下一刻可能就會優勢盡失。為什麼會這樣？

《易經》告訴我們：天時是會變的，並且天有自己的變化規律，變天不由人。

由此，《易經》向我們揭示了天人運動的三種狀態：

A. 天人合一。

此為最高境界，一切都得心應手，必然成功。

B. 天人各一。

此為次等境界，雖無天助，尚可自保。

C. 天人不一。

此為最次境界，天必降災滅其人。

我們從《易經》推演天道，便可得出天人變化的三種程式，這為我們做事提供了重要參照：

A. 天變我也變。

B. 天變我不變。

C. 我比天先變。

密雲不雨（卦六十二・小過）

A式為一般式，順天者天愛之，事事能成功，但是卻無大成就，因為這只能造就出天的產品，不能超凡超俗。

　　B式屬弱智型，天地人環境都變了還不變的人，只能等死。恆星之所以是恆星，就在於它在運動，而且領先行星而運動，並不是說它不動就是恆星了。

　　C是目前為止最有智慧的程式，即未雨綢繆，下手比天快，故能改變天時，超凡入聖，自我製造我之所欲。即《易經》上說的：「改命，吉」，通過占先機來改變既有程式。

　　福特無疑是有先見與遠見的，他看到了工業時代的興盛，隨即看到中產階級的即將躍起，也就看到了汽車消費主體的必然挪移，他毅然決定公司從此主攻大眾車，果然使公司走向更大的成功。

圖　解

「密雲不雨」要義為：

天氣多變，雖然暫時沒雨，但密雲已凝聚，必有大雨，必須未雨綢繆。

圖1　密雲不雨，看起來不下雨，其實就會下

圖2　轉眼大雨傾盆，淋壞那些沒準備的人

圖3　未雨綢繆，雨再大我也安然無恙，並能品味雨中散步的樂趣

52

做現成的事情事半功倍

東鄰殺牛，不如西鄰之禴祭，實受其福（卦六十三·既濟）

「禴祭」，一種祭祀。這句話是說東鄰殺牛，

不能馬上就有肉吃，不如西鄰正舉行祭祀，

有大量現成的供品，可以馬上享受。

我們做事情最好找現成的做，條件沒成熟的事少做。

李嘉誠斥巨資收購和記黃浦，

是因為和記黃浦本來就是個賺錢機器，

收購過來可以賺現成的錢。

【案例】

　　香港歷經百年發展，已成為寸土寸金的港島，要興建單幢樓宇已經不易，若想成片地開發龐大的居民區，則難覓好地。但和記黃浦卻有大量的土地資源。20世紀70年代，和記黃浦成為了匯豐銀行的控股地產公司。但由於決策不當，和記黃浦的財政發生重重困難，為擺脫這個燙手的山芋，匯豐便產生了再度出讓的想法。

　　李嘉誠看好和記黃浦的海內外聲望，特別是他擁有的大量土地資源，以替匯豐解憂的高姿態，用6.39億港元一舉控制和記黃浦22.4%的股權，成為黃浦的最大股東。

　　李嘉誠入主和黃後，和黃發生了脫胎換骨的變化。1984年底，和黃宣布投資40億港元，在黃浦船塢19公頃的原址上，分12期總計6年時間，興建94幢住宅大樓，附2900個停車位及170萬平方英尺的商場。到1990年完成時共獲利超過80億港元。

易　理

　　動用現成資源可使我們事半功倍。

易理現代應用法

如何「坐享其成」？

「坐享其成」一詞，一般作貶義用，但它有時表示了一種能善用資源的智慧。

如買房，對於一般的急用房者來說，是買地自己蓋房好呢？還是買預售屋或成屋？當然是買成屋好，因為它沒有中間環節，不需要漫長等待。

當然太現成了也不行，如果貪圖絕對現成，買裝修好了的成屋，住一段時間不喜歡原有風格又要重裝修，也不舒服，所以最好買半成。

半成之物好就好在它差不多是現成的，但又能發揮自己的想像空間。

李嘉誠開始發展時思維較慢，做一樣事情就從頭做到底，如做塑膠花就屬此例；後來做事快起來，不再從頭做到底，而是從中間做起，這樣就能事半功倍，縮小週期。

上世紀80年代，李嘉誠斥巨資收購了和記黃浦，直接將這個賺錢機器收作己用。果然，1984年至1990年，僅在黃浦船塢住宅工程上，和記黃浦為李嘉誠賺了80億港元。

「坐享其成」當然不是白做白拿，而是大做大拿，「一勞永逸」地享有現有資源與現有財富。

287

東鄰殺牛，不如西鄰之禴祭，實受其福（卦六十三‧既濟）

圖　解

「東鄰殺牛，不如西鄰之禴祭，實受其福」其要義為：

凡事要動用現成的條件，用現有的關係與資源做事情會事半功倍，一般不要一切都從頭開始，要從中間開始。關於這一點可以參照前面「无初有終」一篇。

這就好比壘台：

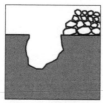

圖1　挖石壘台太慢

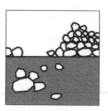

圖2　不如用現成的石頭壘台，事半功倍

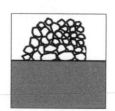

圖3　只要用足現成材料，高台就會壘成

有時確實沒有現成的東西，那我們就要去人為創造現成的條件：

圖1　原有坑與小台

圖2　再挖一個坑

圖3　把兩邊挖起來的土石向中間運送

圖4　兩個坑變三個台

東鄰殺牛，不如西鄰之禴祭，實受其福（卦六十三・既濟）

53

誠信合作才會成功

二人同心，其利斷金（繫辭上）

「利」，鋒利；「斷」，削斷；「金」，金屬。

「二人同心，其利斷金」，這句話出自孔子之口，

意思是只要大家齊心協力，就會像一把鋒利的好刀，

削鐵如泥。一切事業都必須精誠合作才有希望成功。

李兆基能有今日鼎盛，

便在於他有郭德勝、馮景禧這樣的朋友。

「合作制變而勝」是《易經》最強調的一個寶貴道理。

【案例】

　　1958年，郭德勝、李兆基、馮景禧三人註冊了「永業企業公司」，三人聯手合作得十分成功，受到人們的交口稱讚。

　　郭德勝老謀深算，經驗豐富，擅長代理經銷；馮景禧精通財務，擅長證券，對房地產業很熟；李兆基反應敏銳，擅長外匯、黃金買賣，於是三人拍擋，各司其職，互相幫助，團結協作，在三人的全力經營之下取得了輝煌的戰果。

　　1963年，三人又重新註冊「新鴻基」，成立之初實力尚弱，但在郭德勝的帶領下，馮景禧、李兆基密切配合，三人齊心協力，攜手共創地產業，三人不僅經營有方，而且十分刻苦、勤奮。1972年，新鴻基地產上市，集資10億元，購買了大量土地，生意蓬勃發達，富不可言。

易 理

　　同心同德，才能成就大業。

易理現代應用法

如何與人協作？

協作的前提是合作，即達成同一目標，但「合作」只是個抽象的說法，只有進入具體的「協作」環節才有望成功。

與人協作首先要「誠」，不可心懷鬼胎，各打如意算盤，弄得不好空費時力，竹籃打水一場空。

「誠」就是交心。《易經》此處講的「同心」的「同」，是指「同一」，各方達成有效共識。這種有效共識也是有限共識，凡是某人對某人說「無限忠誠」、「無條件合作」等等都是鬼話。

《大學》上講：「不誠無物」。確實，立心不誠的人將什麼也得不到。

做到了「誠」，便可言「利」。

大家在合作之前要講明利益，這樣才不會傷和氣，好全心全意做事業。

「誠」的另一面就是「信」，《論語》云：「人而無信，則不知其可。」所有做大生意、做大事業的人都是講信用的。無信用則不立。

與人協作並沒有什麼深奧的道理，其理人人皆知，那就是「誠信」。

《易經》此處講的「二人同心，其利斷金」出自孔子之口，儒家最重品德，當「儒商」一詞成為流

行，誰能堅守它的基本內涵？

二人同心，其利斷金。

李兆基在35歲時已經是名副其實的成功人士了，這一切源於他的「誠信」。凡事同心協力，不計小處，必會成功，這一點本書必須時時強調，這是《易經》成功學的精髓。

從大處講，人類要與天地合作；從細處講，我們要與同類合作，正所謂「智雖天生，功由眾成」。一棵大樹的長生又怎能缺少雨水陽光與土壤的栽培？

天下原本沒有做不成的事，如果世界上60多億人同心同德，地球將成為樂土。「天下事有難易乎？不為則易者亦難也，為之則難者亦易也！」

《易經》的「易」本義為變易、變革，有時又可當「容易」講。《易經》裡講的道理其實一點兒也不玄，都非常實用。

真正的大智慧都是簡單實用的，《易經》一書就是要告訴我們一些簡單的道理，讓我們非常容易地應用它，通過「順天」、「變易」、「自為」獲取應有的成功。

大易流行，不遺萬物！

圖　解

「二人同心，其利斷金」的要義為：

凡事要與人合作，相信自己也相信別人，這樣才

會力量倍增，走向成功。

圖1　太陽照耀山河大地

圖2　《易經》的智慧照耀世人前行

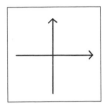

圖3　二人同心，其利斷金，合作使人獲得更自由的發展，取得更矚目的成功

二人同心，其利斷金（繫辭上）

後　記

「二人同心，其利斷金。」

本書印證了《易經》的這一樸素真理。把中國的經典用來直接指導現代人走向成功，這確是有實用價值的。

我的二哥先威為本書做了大量的案例整理工作，使我能把工作重點放在易理的發揮上，這也是「二人同心，其利斷金」的具體體現。本書的每一步工作都受惠於《易經》的教誨，這就是最最有說服力的鮮活案例。

《易經》實在是博大精深，本書向你及時輸送了《易經》的偉大智慧，它會幫助你具體地改進做事的方法與手段，並獲得應有的成功。

我們希望奉獻給讀者朋友的這本書，能夠給諸位朋友帶來意想不到的收穫。

如果你覺得這本書值得一讀，請向你的朋友推薦；如果你覺得這本書有什麼問題，請與我們交流。

感謝黃永軍先生對本書做的重要工作，感謝出版社的編輯對本書的嚴格把關，為讀者奉獻高質量的作品是我們共同的責任。

國家圖書館出版品預行編目資料

活用圖解易經／王少農 著 -- 修訂一版 -- 新北市：
新潮社文化事業有限公司，2021.12
　　冊；　公分
　　ISBN 978-986-316-811-9（平裝）
1. 易經 2.研究考訂 3.成功法

121.17　　　　　　　　　　　　　　110016261

活用圖解易經

王少農　著

主　　編　林郁
企　　劃　天蠍座文創製作
出　　版　新潮社文化事業有限公司
　　　　　電話 02-8666-5711
　　　　　傳真 02-8666-5833
　　　　　E-mail：service@xcsbook.com.tw

印前作業　東豪印刷事業有限公司
印刷作業　福霖印刷有限公司

總 經 銷　創智文化有限公司
　　　　　新北市土城區忠承路 89 號 6F（永寧科技園區）
　　　　　電話 02-2268-3489
　　　　　傳真 02-2269-6560

初　　版　2021 年 12 月